Quick Guide

Reihe herausgegeben von
Springer Fachmedien Wiesbaden
Wiesbaden, Deutschland

Quick Guides liefern schnell erschließbares, kompaktes und umsetzungsorientiertes Wissen. Leser erhalten mit den Quick Guides verlässliche Fachinformationen, um mitreden, fundiert entscheiden und direkt handeln zu können.

Weitere Bände in der Reihe https://link.springer.com/bookseries/15709

Ulrich Holzbaur · Elisabeth Brommer-Kern

Quick Guide Nachhaltige Business-Meetings und -Events

Wie Sie betriebliche Veranstaltungen erfolgreich und zukunftsorientiert organisieren

Ulrich Holzbaur
Aalen, Baden-Württemberg, Deutschland

Elisabeth Brommer-Kern
Kreuzlingen, Schweiz

ISSN 2662-9240   ISSN 2662-9259 (electronic)
Quick Guide
ISBN 978-3-658-35405-3   ISBN 978-3-658-35406-0 (eBook)
https://doi.org/10.1007/978-3-658-35406-0

Die Deutsche Nationalbibliothek verzeichnet diese Publikation in der Deutschen Nationalbibliografie; detaillierte bibliografische Daten sind im Internet über http://dnb.d-nb.de abrufbar.

© Der/die Herausgeber bzw. der/die Autor(en), exklusiv lizenziert durch Springer Fachmedien Wiesbaden GmbH, ein Teil von Springer Nature 2021

Das Werk einschließlich aller seiner Teile ist urheberrechtlich geschützt. Jede Verwertung, die nicht ausdrücklich vom Urheberrechtsgesetz zugelassen ist, bedarf der vorherigen Zustimmung des Verlages. Das gilt insbesondere für Vervielfältigungen, Bearbeitungen, Übersetzungen, Mikroverfilmungen und die Einspeicherung und Verarbeitung in elektronischen Systemen.

Die Wiedergabe von allgemein beschreibenden Bezeichnungen, Marken, Unternehmensnamen etc. in diesem Werk bedeutet nicht, dass diese frei durch jedermann benutzt werden dürfen. Die Berechtigung zur Benutzung unterliegt, auch ohne gesonderten Hinweis hierzu, den Regeln des Markenrechts. Die Rechte des jeweiligen Zeicheninhabers sind zu beachten.

Der Verlag, die Autoren und die Herausgeber gehen davon aus, dass die Angaben und Informationen in diesem Werk zum Zeitpunkt der Veröffentlichung vollständig und korrekt sind. Weder der Verlag noch die Autoren oder die Herausgeber übernehmen, ausdrücklich oder implizit, Gewähr für den Inhalt des Werkes, etwaige Fehler oder Äußerungen. Der Verlag bleibt im Hinblick auf geografische Zuordnungen und Gebietsbezeichnungen in veröffentlichten Karten und Institutionsadressen neutral.

Planung/Lektorat: Imke Sander
Springer Gabler ist ein Imprint der eingetragenen Gesellschaft Springer Fachmedien Wiesbaden GmbH und ist ein Teil von Springer Nature.
Die Anschrift der Gesellschaft ist: Abraham-Lincoln-Str. 46, 65189 Wiesbaden, Germany

Vorwort

Liebe Leserin, lieber Leser,
jeder von uns muss im Berufsleben Treffen organisieren. Besonders spannend wird dies, wenn das Ergebnis der Zusammenkunft für uns oder unsere Organisation eine wichtige Rolle spielt. Dann heißt es: „Fehler sind zu vermeiden" – aber das ist leichter gesagt als getan. Und das ist nicht genug!

Die Zusammenkunft soll ja auch erfolgreich sein – also das gewünschte Ergebnis bringen – und dann möglichst nachhaltig im doppelten Sinne: Es soll den Beteiligten positiv im Gedächtnis bleiben und es soll mit einer zukunftsfähigen, und damit Nachhaltigen Entwicklung verträglich sein. Wer also in der Organisation von Meetings und Events nur eine lästige Routinearbeit sieht, versäumt die Chance, erlebnisorientierte Kommunikation und Nachhaltigkeit als Erfolgsfaktor im Unternehmen zu etablieren.

Auf vielen Veranstaltungen wird über Nachhaltigkeit geredet, aber die Veranstaltung selbst erfüllt die Kriterien zur Nachhaltigkeit nicht. Diesem Mangel wollen wir mit diesem Quick Guide begegnen.

Ulrich Holzbaur arbeitet seit 30 Jahren an der Hochschule Aalen und dem Steinbeis-Transferzentrum Angewandtes Management im

Bereich Nachhaltige Entwicklung und Eventmanagement. Elisabeth Brommer-Kern war in einem Großunternehmen in der Abteilung HSE & Sustainability mit dem Projekt zur Entwicklung eines nachhaltigen Eventmanagements betraut. Aus dem Austausch zu diesem Thema ergab sich die Idee zu diesem Leitfaden. Wir bringen Theorie und Praxis zusammen.

Unser Wunsch ist, dass alle Unternehmen Business-Meetings und Business-Events nachhaltig organisieren. Unser Ziel ist, Sie dabei zu unterstützen.

Wir führen Sie in diesem Quick Guide zur Planung und Durchführung erfolgreicher Zusammenkünfte aller Art. Unser Schwerpunkt liegt in Veranstaltungen im Unternehmen, die durch interne Mitarbeiter (mwd) geplant und umgesetzt werden. Dabei geht es um das Erkennen der Chancen, das Setzen von Zielen, das Planen und die Prüfung des Erreichten. Da das Erreichte nicht nur intern für das Event-Team, sondern auch gegenüber dem Management und der Öffentlichkeit wichtig ist, werden uns auch Kennzahlen durch den Leitfaden begleiten. Während der Teil I Ihnen die Grundlagen vermittelt, gehen wir in Teil II gezielt auf die Umsetzung ein. Dieser Quick Guide hat dabei drei Schwerpunkte:

1. Wenn Sie hier und heute oder in naher Zukunft eine Veranstaltung planen dürfen, führen wir Sie durch die allgemeine Veranstaltungsplanung mit der Möglichkeit, dass Sie das Thema Nachhaltigkeit mitnehmen.
2. Wenn Sie Ihre Veranstaltungen durchgehend im Sinne der Nachhaltigen Entwicklung gestalten möchten, führen wir Sie durch die einzelnen Phasen, Aktionsbereiche und Wirkungskategorien von Veranstaltungen und helfen bei der Umsetzung Nachhaltiger Events.
3. Wenn Sie planen, in Ihrem Unternehmen längerfristig ein Nachhaltiges Veranstaltungsmanagement umzusetzen, führen wir Sie durch die Komponenten eines Managementsystems und dessen Einführung.

Dabei befähigen und ermutigen wir Sie, mit Ihrem Team Veranstaltungen zu organisieren, die den Teilnehmern, dem Unternehmen und der Gesellschaft nützen – mit Menschen für Menschen.

Wir wünschen Ihnen und Ihren Teilnehmern (mwd) viel Spaß und Erfolg bei Ihren Veranstaltungen – eine Integration von Erlebnis und Ergebnis für alle,

Aalen Kreuzlingen Ulrich Holzbaur
im Sommer 2021 Elisabeth Brommer-Kern

Extras als Download

Für unsere Leser (mwd) haben wir ein Glossar sowie Planungshilfen, z. B. Checklisten oder Vorlagen erstellt. Diese Dokumente können Sie nutzen. Sie sollten sie für Ihre jeweilige Veranstaltung anpassen. Zu finden sind diese Planungshilfen auf unserer Website www.sustainable-event.management.

Was Sie aus diesem Quick Guide mitnehmen können: Nachhaltige Wirkung und Erlebnisorientierung

- Sie lernen, wie man Events wirksam im Sinne eines dauerhaft positiven Eindrucks und zukunftsorientiert im Sinne der Nachhaltigen Entwicklung einsetzt.
- Sie kennen die Möglichkeiten, Events nachhaltig im Sinne des positiven Erlebnisses und der Nachhaltigen Entwicklung zu gestalten.
- Sie können durch Events die zukünftige Entwicklung positiv gestalten.
- Sie können Nachhaltige Events gestalten.

Inhaltsverzeichnis

Teil I Grundlagen erfolgreicher und nachhaltiger Veranstaltungen

1 **Meetings und Events: Überblick** ... 3
   1.1 Generelle Hinweise und Begriffe ... 4
      1.1.1 Aufbau und Nutzung ... 5
      1.1.2 Grundbegriffe: Veranstaltung, Meeting, Event ... 7
   1.2 Zur Vielfalt von Veranstaltungen ... 9
      1.2.1 Veranstaltungsarten ... 9
      1.2.2 Digital- oder Präsenzveranstaltungen ... 11
   1.3 Generelle Organisationsstruktur von Veranstaltungen ... 14
      1.3.1 Veranstaltungsportfolio – gut für die Übersicht ... 15
      1.3.2 Participant Journey: Teilnehmende stehen im Mittelpunkt ... 16
   1.4 Zielsetzungen von Veranstaltungen ... 17
      1.4.1 Ohne Ziel kein Ergebnis ... 17
      1.4.2 Ergebnis und Erlebnis – der Erfolg der Veranstaltung ... 20

		1.4.3	Wirkungslogik IOOI als Instrument zur Definition und Messung des Erfolgs	23
		1.4.4	Beispiele von Veranstaltungen	25
	1.5	Rechtliche und normative Grundlagen		28
		1.5.1	Verantwortung	29
		1.5.2	Rechtsbeziehungen und Veranstaltungsrecht	29
		1.5.3	Sicherheit und Räumlichkeiten	31
		1.5.4	IT-Sicherheit	38
		1.5.5	Weitere Normen	39
	Literatur			40
2	**Eigenschaften effizienter nachhaltiger Veranstaltungen**			**43**
	2.1	Sicher		44
		2.1.1	Sicherheit als Grundvoraussetzung	46
		2.1.2	Risikomanagement	46
		2.1.3	Machbarkeit und Risiken	47
		2.1.4	Räumliche Aspekte von Sicherheit, Unfall- und Gesundheitsschutz	48
		2.1.5	Hinweise	50
	2.2	Stabil und Gut – Ergebnis und Erlebnis		51
		2.2.1	Stabil	52
		2.2.2	Ergebnisorientiert – Erfolgreiche Meetings	53
		2.2.3	Erlebnisorientiert – Erfolgreiche Events	54
		2.2.4	Effizienz	54
	2.3	Nachhaltig – zukunftsorientiert		56
		2.3.1	Nachhaltigkeit als Komponente von Veranstaltungen	56
		2.3.2	Nachhaltigkeitsbewusst und nachhaltigkeitsfördernd	57
		2.3.3	Prozess der nachhaltigen Veranstaltung	58
		2.3.4	Nachhaltigkeit messen – die Ökobilanz	60
		2.3.5	Nachhaltige Veranstaltungen umsetzen	64
	2.4	Wie kann ich sehen, ob ich erfolgreich war?		66
		2.4.1	Messen des Ergebnisses von Veranstaltung und Planung	66
		2.4.2	Kriterien klassischer Veranstaltungsplanung	67

	2.4.3	Beurteilung des wirtschaftlichen Ertrags		68
	2.4.4	Beurteilung der Sicherheit		68
	2.4.5	Beurteilung der Nachhaltigkeit		69
	Literatur			71

3 Projektmanagement als Basis der Planung — 73
- 3.1 Projekt und Management — 74
- 3.2 Projektstart — 75
  - 3.2.1 Projektziel — 77
  - 3.2.2 Projektteam — 80
  - 3.2.3 Stakeholder- und Anforderungsanalyse — 81
- 3.3 Projektplanung — 82
- 3.4 Durchführung und Projektcontrolling — 84
- 3.5 Agiles Projekt — 86
- 3.6 Projektabschluss und Erfolgsmessung — 87
- Literatur — 88

4 Perspektiven der Veranstaltungsplanung — 89
- 4.1 Ebenen der Veranstaltungsplanung — 89
- 4.2 Teilnehmersicht: Participant Journey — 90
- 4.3 Von der Vision zum Plan – SEDM — 91
- Literatur — 94

Teil II Vorgehen Veranstaltungsorganisation

5 Klassische Veranstaltungsorganisation — 97
- 5.1 Gesamtplanung und Planungselemente — 99
  - 5.1.1 Phasenkonzept aus Organisationssicht — 99
  - 5.1.2 Hauptphasen — 100
  - 5.1.3 Detailliertes Phasenkonzept Event — 100
- 5.2 Planungsphase — 103
  - 5.2.1 Initialisierung: Idee – Entscheidung – Auftrag — 103
  - 5.2.2 Detailplanung — 108
  - 5.2.3 Vorbereitung — 112

5.3	Durchführungs-/Realisierungsphase	113
	5.3.1 Anlauf (Operative Durchführung I)	113
	5.3.2 Aktiv (Operative Durchführung II)	114
5.4	Abschlussphase	115
	5.4.1 Nachlauf	115
	5.4.2 Nachbereitung	116
	5.4.3 Abschließende Kommunikation	116
5.5	Zusammenfassung	117
	Literatur	122

6 Meetings und Events nachhaltig organisieren — 123

6.1	Komponenten und Tools	124
6.2	Initialisierung – Vorbereitung nachhaltiger Entwicklung	128
6.3	Planung und Durchführung	128
6.4	Controlling beginnt bereits bei der Planung	130
	6.4.1 Klassische Kennzahlen	133
	6.4.2 Bewertung der nachhaltigen Aktivitäten	134
6.5	Basisentscheidungen	137
	6.5.1 Location und Unterkunft	141
	6.5.2 Mobilität/Transport	144
	6.5.3 Teilnehmermanagement	145
	6.5.4 Catering/Verpflegung	146
	6.5.5 Eventausstattung/Veranstaltungstechnik	151
	6.5.6 Management und Administration, Einkauf und Beschaffung	152
	6.5.7 Kommunikation und Marketing	154
	6.5.8 Nachhaltigkeitskommunikation	154
	6.5.9 Inklusion und Barrierefreiheit	155
6.6	Ein letzter Überblick bevor Sie loslegen	157
	Literatur	160

7 Nachhaltiges Veranstaltungsmanagementsystem — 161

7.1	Strategisches Veranstaltungsmanagement	162
7.2	Nutzen für Veranstaltungsorganisatoren und das Unternehmen	163

7.3	Systemelemente als Bausteine für ein Managementsystem	166
7.4	Komponenten eines nachhaltigen Veranstaltungsmanagementsystems	170
	7.4.1 Leitlinien – Leitfaden	172
	7.4.2 Verfahren zur Auswahl und Bewertung von Handlungsfelder	173
	7.4.3 Sustainable Event Assessment (SEA) zur Beurteilung	173
	7.4.4 Standardarbeitsanweisung (Standard Operation Procedures = SOP)	173
	7.4.5 Bilanzieren, kompensieren und, last, but not least, kommunizieren	174
7.5	Adaption des Managementsystems	175
Literatur		177

Teil I
Grundlagen erfolgreicher und nachhaltiger Veranstaltungen

Dieser Teil führt allgemein in das Thema erfolgreicher und nachhaltiger Veranstaltungen ein.

Wir gehen von den Begriffen Veranstaltung, Meeting und Event und der Grundstruktur von Veranstaltungen aus. Dabei betrachten wir das WAS, d. h. Kriterien und Erfolgsfaktoren von Veranstaltungen.

> **Wichtig** Kommunikation ist das Rückgrat jedes Unternehmensprozesses. Zusammenkünfte aller Art sind wesentliche Elemente des Unternehmenserfolgs.

1
Meetings und Events: Überblick

Was Sie aus diesem Kapitel mitnehmen. Sie erfahren,
1. wie wir unseren Quick Guide für Sie aufbereitet haben, damit Sie möglichst schnell zur Umsetzung eigener Veranstaltungen kommen;
2. was unter betrieblichen (oder geschäftlichen) Meetings und Events zu verstehen ist und warum Ziele für den Erfolg wichtig sind;
3. welche Veranstaltungsarten, -formen und -formate im Business-Bereich vorwiegen;
4. welche Struktur geschäftlichen Veranstaltungen zugrunde liegt:
5. warum Ziele so wichtig sind;
6. warum es gut ist, über die Rollen, Aufgaben, Kompetenzen und Verantwortung (AKV) der verschiedenen Akteure einer Veranstaltung Klarheit zu haben;
7. welche rechtlichen und normativen Grundlagen für Veranstaltungen wichtig sind.

Für ganz Eilige Wenn Sie gleich durchstarten müssen – nehmen Sie ein Blatt Papier und beantworten Sie die folgenden Fragen:
1. Wer will eigentlich was mit der Veranstaltung erreichen?
2. Wie soll die Veranstaltung aussehen?
3. Welche Unterstützung brauche und bekomme ich?

> 4. Welche Termine sind wichtig?
> 5. Wen muss ich wann ansprechen?
>
> Lesen Sie Kap. 5. falls Sie zum ersten Mal ein Event planen, und Kap. 6 falls Sie Ihr Event nachhaltig machen wollen.

1.1 Generelle Hinweise und Begriffe

Dieser Quick Guide greift die praktischen Erfahrungen der Autorin und des Autors auf und konzentriert sich darauf, die Leser und Leserinnen („mwd" – männlich, weiblich, divers) systematisch zur optimalen Planung, Vorbereitung, Durchführung und Nachbereitung von unternehmensbezogenen Veranstaltungen zu führen.

Damit sind wir auch gleich bei einem kontroversen Thema: Die Balance zwischen einer gendergerechten und einer flüssigen Sprache. Wir verwenden das generische Maskulinum vor allem dort, wo es sich klarerweise um Rollen handelt und insbesondere bei Begriffen wie Stakeholdermanagement oder Kundenzufriedenheit aus Gründen der Lesbarkeit. Wir meinen damit aber immer alle Geschlechter. Dabei hoffen wir, dass dies für alle Leser (mwd) in Ordnung ist. Das Kürzel "mwd" bedeutet, dass alle Geschlechter, männlich, weiblich, divers, angesprochen sind. Wir setzen es jeweils nur zu Beginn eines Abschnitts. Es gilt für das gesamte Buch.

Zur Sprache und zum Ausdruck: Die Wirtschaft und insbesondere die Veranstaltungswirtschaft sind geprägt und eingebettet in eine globale Welt. Englischsprachige Ausdrücke sind Teil unserer Alltagssprache und Fachsprache. Aus diesem Grund nutzen wir englischsprachige Ausdrücke dort, wo sie gebräuchlich oder griffiger sind.

> **Begriff Nachhaltigkeit**
>
> **Nachhaltig**
> Die Großschreibung Nachhaltig verwenden wir dort, wo es um eine Nachhaltige Entwicklung geht und das Ganze als Eigenname zu sehen ist: Nachhaltige Events ...
>
> **Nachhaltig**
> Die Kleinschreibung nachhaltig verwenden wir dort, wo es um eine lang anhaltende Wirkung geht: nachhaltiger Eindruck, nachhaltige Schäden, ...

Für eine ausführlichere Darstellung der Grundlagen zum Veranstaltungsmanagement verweisen wir auf die Werke, die auch hier als Basis gedient haben: Die Bücher von Holzbaur (2015[3], 2021[4]) zum Thema Nachhaltige Events, das Standardwerk von Holzbaur et al. (2002, 2010[5]) zum Eventmanagement generell und von Hachtel und Holzbaur (2009[2]) zu Nachhaltigkeit, Projektmanagement und Risikomanagement.

1.1.1 Aufbau und Nutzung

Dieser Quick Guide soll Sie schnell und effizient zur Organisation eines nachhaltigen Events führen. Wie Sie dabei genau vorgehen, hängt auch davon ab, wie viel Erfahrung Sie mit klassischen Events und Nachhaltigkeit schon haben. Die Abb. 1.1. skizziert die möglichen Wege vom Laien zum Profi bei der Organisation nachhaltiger Events.

Wir orientieren uns am Ablauf bei der Planung und Organisation eines Business-Meetings und -Events (Abb. 1.2) und ergänzen dies durch den Aufbau des Eventmanagements.

Damit hat der Quick Guide die folgenden Teile, die Sie gemäß Abb. 1.3 durchlaufen können:

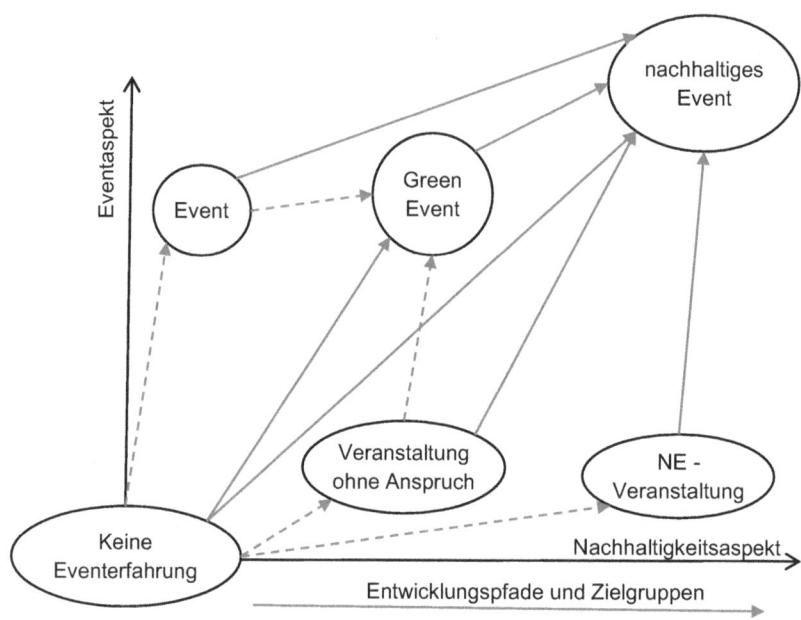

Abb. 1.1 Zielsetzungen und Wege Event und Nachhaltigkeit

Abb. 1.2 Vom Ziel zum erfolgreichen Event

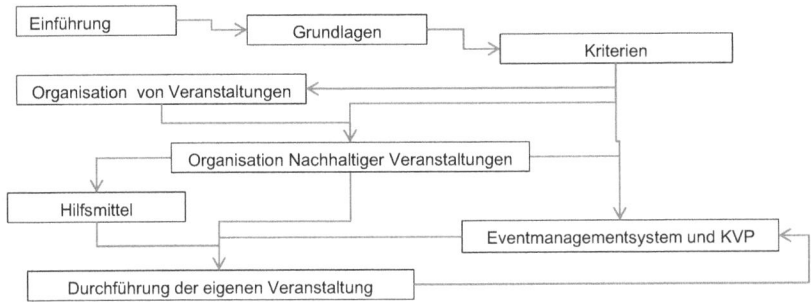

Abb. 1.3 Struktur und Nutzung des Quick Guide

1. Grundlagen, Begriffe, Arten und Zielsetzung von Veranstaltungen
2. Veranstaltungen und Veranstaltungsmanagement
3. Nachhaltige Veranstaltungen und Nachhaltigkeit durch Veranstaltungen
4. Aufbau und Umsetzung des Nachhaltigkeitsmanagements

1.1.2 Grundbegriffe: Veranstaltung, Meeting, Event

Wir werden im Folgenden diese drei Begriffe, die in Wissenschaft, Praxis und Umgangssprache unterschiedlich verwendet werden, bestmöglich klären.

Veranstaltung, Meeting, Event
Eine Veranstaltung ist jede geplante und organisierte Zusammenkunft, somit auch jedes Meeting und jedes Event. Als Arbeitsdefinition nehmen wir:

> **Veranstaltung = Meeting + Event**
>
> **Veranstaltung**
> Veranstaltung ist jede geplante und organisierte Zusammenkunft.
>
> **Meeting**
> Bei Meetings liegt der Schwerpunkt auf der Zusammenkunft.

> **Business-Meeting**
> Bei Meetings liegt der Schwerpunkt auf der Zusammenkunft zur Erreichung eines Ergebnisses (Information, Konsens, Wissen, Dokument …).
>
> **Event**
> Bei Events liegt der Schwerpunkt auf dem Erlebnis für die Besucher.
>
> **Business-Event**
> Bei Business-Events liegt der Schwerpunkt auf der Erlebniskomponente der Zusammenkunft und auf der Kommunikation.

Beim Managementsystem verwenden wir ungeachtet dessen auch den generell eingeführten Begriff Eventmanagement für alle Arten des Veranstaltungsmanagements. Zum Eventmanagement gehört also auch die Organisation und Durchführung von Meetings.

Im Mittelpunkt unserer Betrachtung stehen Meetings und Events, die von Mitarbeitern (mwd) in Unternehmen organisiert werden. Sie dienen Unternehmenszwecken und richten sich an Mitarbeiter, Kunden und Partner jeglichen Geschlechts. Eine Übersicht und Abgrenzung gibt Abb. 1.4

Veranstaltungen mit kommerziellem Zweck, zum Beispiel reine Marketing-Events, oder solche, die an Agenturen vergeben werden, berücksichtigen wir nicht explizit. Gleichwohl können die Informationen dieses Leitfadens für jede Veranstaltungsart mit Gewinn genutzt werden.

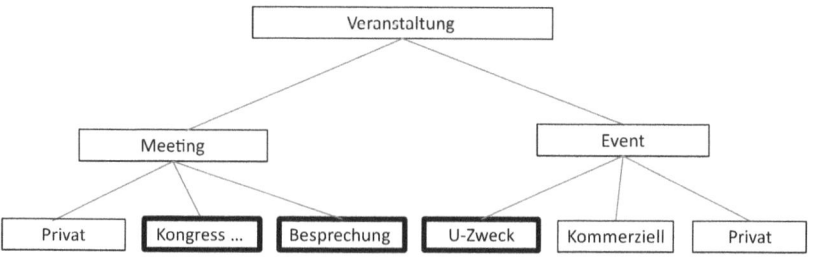

Abb. 1.4 Scope des Quick Guide: Firmeninterne Events

1.2 Zur Vielfalt von Veranstaltungen

Veranstaltungen haben eine große Vielfalt bezüglich Art und Größe. Meist versteht man im deutschsprachigen Bereich unter einem Event ein besonderes Ereignis. Oft wird dabei beispielsweise an eine Aufführung, ein Fest oder Festival gedacht. Diese Veranstaltungen unterscheiden sich von geschäftlichen Tagungen oder Konferenzen. Wir sprechen von Meetings, wenn wir die täglichen Besprechungen von Führungskräften in Betracht ziehen.

1.2.1 Veranstaltungsarten

Die zwei Kategorien, Business-Meetings und Business-Events, lassen sich in verschiedene Arten, Formen und Formate unterteilen. Unter Veranstaltungsarten verstehen wir eine Gruppe von Veranstaltungen, die sich durch bestimmte Formen deutlich voneinander unterscheiden.

Veranstaltungsarten können unterschiedliche Formen und Bezeichnungen aufweisen. Sie entsprechen einander in Bezug auf Personenzahl, Bestimmung, Dauer, Format, Entscheidungsraum und Planungszeitraum. Die Grenzen innerhalb dieser Einteilung sind, wie bereits erwähnt, nicht eindeutig definiert. Sie unterscheiden sich vor allem in der Größenordnung.

Unter einem Business-Meeting ist gebräuchlicher Weise eine Veranstaltung bis zu 30 Personen in Präsenz zu verstehen. Sie dauert in der Regel ein bis mehrere Tage. Dabei kann es sich um ein Kick-off-Meeting handeln, eine Schulung, eine Besprechung, ein Business-Dinner oder ein Führungskräftetreffen usw. Die Begriffe Konferenz oder Tagung werden oft für Veranstaltungsformen mit einem akademischen Hintergrund verwendet. Die Konferenz oder das Symposium sind in der Regel komplexer, größer und teilweise spezieller. Der Planungszeitraum beträgt meist mehrere Monate bis weit über ein Jahr. Diese Veranstaltungsart wird, je nach Größe und Umfang, sehr oft auch mit Unterstützung von Eventagenturen organisiert. Allerdings zeigt die Praxis, dass es einen Trend zur Inhouse-Organisation gibt, so werden bestimmte Anlässe, wie der Tag der offenen Tür oder Jubiläumsanlässe durchaus von Mitarbeitenden im Unternehmen organisiert.

Moderne Formate, wie z. B. Open Space, Zukunftswerkstatt, Fishbowl oder World Café sind in den letzten Jahrzehnten entwickelt worden (siehe z. B. (Knoll, 2015)). Sie zielen darauf ab, den Teilnehmerkreis zu einer Interaktion zu bewegen. Die Teilnehmer werden aktiv, sollen sich austauschen, miteinander agieren. Zusätzlich zu der reinen Wissensvermittlung geht es um persönlichen Austausch, Networking und Motivationssteigerung. Die Teilnehmenden konsumieren nicht nur, sondern tragen aktiv zum Gelingen der Veranstaltung bei. Diese speziellen Formate bedürfen einer guten Vorbereitung. Außerdem müssen sie vom Format her auf Business-Veranstaltungen angepasst werden, um der Ausgeglichenheit zwischen Offenheit und Partizipation einerseits und Ergebnisorientierung und Effizienz andererseits Rechnung zu tragen, z. B. eine von drei Tagen auf einen halben Tag verkürzte Zukunftswerkstatt (Holzbaur, U. 2011).

Vielfalt Die Abb. 1.5 gibt eine Übersicht und einen Vergleich von Meetings und Events.

Determinanten der Planung Für die weitere Planung einer Veranstaltung ist es wichtig zu wissen, ob sie intern ausgerichtet ist oder ob auch externe Teilnehmer zu erwarten sind.

Die Teilnehmeranzahl ist für den Erfolg von Veranstaltungen wichtig. So können wichtige Entscheidungen besser im kleineren Kreis getroffen werden und auch Konflikte im Führungsteam lassen sich nicht wirklich in einer Gruppe mit 200 Teilnehmern lösen. Bis zu einer bestimmten Gruppengröße ist die Diskussion in hybriden und digitalen/virtuellen Veranstaltungen möglich. Wird diese überschritten, eignen sich solche Veranstaltungen eher zu Informationszwecken mit abschließenden Fragerunden (sogenannten Q&A-Sessions).

Der Entscheidungs- und Planungszeitraum einer Veranstaltung hängt vom Ziel, der Art, dem Format sowie den Teilnehmern ab. Je nach Anlass bedarf es zur Umsetzung weniger Aktionen im Outlook-Konto oder einer ausgereiften Planung mit einem Zeitfenster von mehreren Wochen oder Monaten.

Veranstaltungsart: Business-Meeting
unternehmensbezogene Schulung oder Veranstaltung

Veranstaltungsformen
Besprechung / Führungskräftetreffen / Round Table / Workshop / Team-Building / Aufsichts-/Verwaltungs-ratssitzung / Investorentreffen / Pressekonferenz / Betriebsversammlung / Arbeitskreis / Kick-off-Meeting / Mitarbeitergespräche (One-to-One-Meeting) / Informelles Treffen / Abendessen und andere…

Zweck / Bestimmung
Entscheidungsfindung
Problem-/Konfliktlösung
Kommunikation pflegen
Identifikation stiften
Kompetenzen erweitern

Format:	Präsenz: bis zu 30 Personen
Dauer:	30 Minuten bis 3 Tage
Häufigkeit:	Wiederkehrend
Formatteil:	Einteilige Veranstaltung
Zeitraum für Entscheidung:	Kurzfristig bis zu einem Jahr
Planung:	Kurzfristig bis zu Monaten

Veranstaltungsart: Business-Event
Konferenz / Tagung / Kongress / Symposium

Veranstaltungsformen
Aufsichts-/Verwaltungsratssitzung / Investorentreffen / Jubiläum / Stakeholder-Event / Pressekonferenz Arbeitskreis / Galaabend / Generalversammlung / Betriebsversammlung / Hackathon / Incentive-Event / Sport- oder Kultur-Event / Event anlässlich eines Projektabschlusses / Vortrags- und Diskussions-veranstaltung

Zweck / Bestimmung
Informations- und Meinungsaustausch / Entscheidungsübermittlung / Status- Aktualisierung / Entwicklung / Vermittlung von Visionen / Lernen / Corporate Identity / Erfolgsfeiern / Stakeholder-Pflege / Expertentreffen / Fachvorträgen oft verbunden mit wissenschaftlichen Themen

Format:	Präsenz: bis zu 30 Personen
Dauer:	30 Minuten bis 3 Tage
Häufigkeit:	Wiederkehrend
Formatteil:	Einteilige Veranstaltung
Zeitraum für Entscheidung:	Kurzfristig bis zu einem Jahr
Planung:	Kurzfristig bis zu Monaten

Abb. 1.5 Übersicht Veranstaltungsarten, -formen und -formate

1.2.2 Digital- oder Präsenzveranstaltungen

Durch die Corona-Pandemie sind digitale Veranstaltungen aller Art schnell in den Vordergrund gerückt. Das Format einer Veranstaltung richtet sich nach dem Status der Teilnehmenden, dem Interaktionsbedarf und der Gliederung von Veranstaltungsteilen nach thematischen, methodischen, räumlichen oder organisatorischen Aspekten. Eine Übersicht gibt (Knoll, 2017).

> **Komplexe und virtuelle Events**
>
> **Physische Events, Präsenzveranstaltungen**
> Physische Events sind Veranstaltungen, bei denen Besucher und Akteure an einem Ort zu einer Zeit zusammentreffen.
>
> **Virtuelle Veranstaltungen, Digitale Veranstaltungen**
> Virtuelle Events sind Veranstaltungen, bei denen kein physischer Kontakt zwischen den Besuchern stattfindet ((Zanger, 2014)[11]), d. h. die Besucher nehmen nur über geeignete Kanäle, im Allgemeinen Social Media, am Event teil.
>
> **Hybride Veranstaltungen**
> Bei hybriden Veranstaltungen wird ein klassisches (physisches) Event mit digitalen Medien kombiniert (nach (Zanger, 2014)).
>
> **Komplexe Events**
> Komplexe Events (Komplexevents, Holzbaur, U. 2016) sind Veranstaltungen, die entweder im Raum oder in der Zeit oder in beidem verteilt sind, sodass das gesamte Komplexevent typischerweise aus mehreren räumlich und/oder zeitlich verteilten Events besteht, die aber als Gesamtevent kommuniziert und wahrgenommen werden. Komplexe Events können aus einzelnen physischen, digitalen und hybriden Events bestehen.

Präsenzveranstaltungen Menschen begegnen sich zu einer bestimmten Zeit für einen bestimmten Zweck. Früher, wenn mehrere Menschen einen Sachverhalt diskutieren wollten, mussten sie sich treffen. Veranstaltungen fanden seit jeher in diesem Format statt. Das Meeting bzw. das Event ist nicht nur ein virtueller Ort, an dem man sich trifft, um Probleme zu lösen, Entscheidungen zu treffen, Kommunikation zu pflegen, Identifikation zu stiften oder Kompetenzen zu erweitern. Vielmehr bildet es einen Rahmen mit Raum und Zeit für eine intensive Zusammenarbeit und Begegnung.

Digitale/Virtuelle Meetings oder Events Telefon- und Videokonferenzsysteme ermöglichen Veranstaltungen ohne die physische Präsenz der Teilnehmenden. Die Entwicklung dieser Systeme führt zu einem großen Angebot von sogenannten „Collaboration-Tools". Die Beteiligten nutzen cloudbasierte Anwendungen, haben zeitgleich Zugriff auf Dokumente, können während der Bearbeitung chatten, sprechen oder sich per Video austauschen. Die Vorteile liegen auf der Hand: Teamarbeit ist unabhängig von Raum und Zeit, geplante oder Ad-hoc-Besprechungen sind ohne größeren Aufwand durchzuführen, der Zugriff auf aktuelle Informationen und die gemeinsame Arbeit an Dokumenten gewährleisten einen schnellen Wissensaustausch. Anstelle des Datentransfers mithilfe von E-Mails und Anhängen wird via Chat direkt am Dokument gearbeitet. Dies erspart längeres Suchen in der Ablage.

Dies alles trägt bei richtiger Anwendung zu einer effizienteren Zusammenarbeit bei und führt zu einer höheren Produktivität. Darüber hinaus werden Reisekosten eingespart, was ein nicht zu vernachlässigender Faktor ist. Weiterhin kann auch auf die Infrastruktur und personelle Unterstützung bei der Organisation verzichtet werden, weil weder Veranstaltungsräume noch eine Unterstützung vor Ort durch eine Assistenz oder einen Eventorganisator benötigt werden.

Hybride Meetings oder Events Bei diesem Veranstaltungsformat handelt es sich um eine Kombination von verschiedenen Veranstaltungstypen. Die Abb. 1.6 zeigt eine Übersicht zur Klassifizierung von Veranstaltungen. Für einen Betrieb ist es hilfreich, wenn er für sein Unternehmen eine Klassifizierung aller Veranstaltungen vornimmt. Dadurch werden Abläufe der Veranstaltungsorganisation systematisch

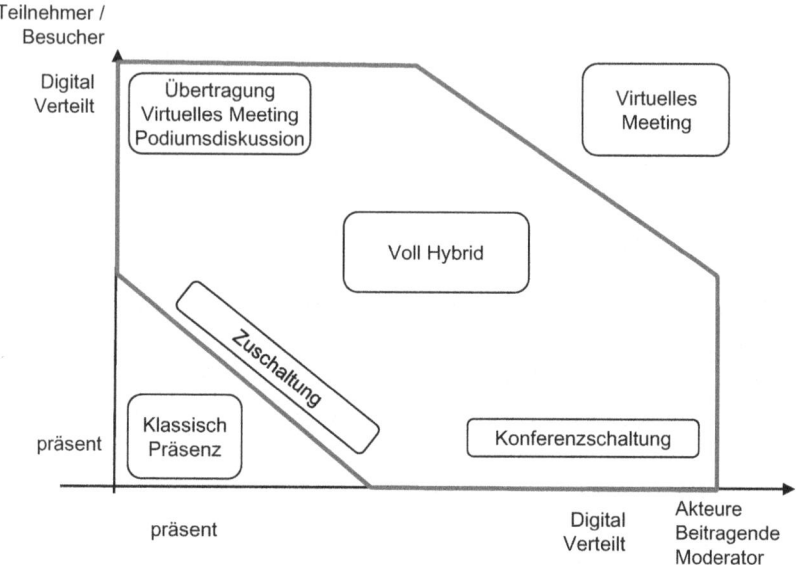

Abb. 1.6 Veranstaltungen – präsent, digital und hybrid

geordnet. Eine einheitliche Vorgehensweise erleichtert die Arbeit und hilft wiederum bei der Ausgestaltung von Nachhaltigkeitszielen.

1.3 Generelle Organisationsstruktur von Veranstaltungen

Den verschiedenen Veranstaltungsformen liegen bestimmte Strukturen zugrunde. Die Strukturen werden durch bestimmte Komponenten gebildet. Gut definiert und aufeinander abgestimmt bilden sie wie bei einem Baukasten die Basis für den Projektstrukturplan einer Veranstaltung bzw. bestimmen den Planungs- und Organisationsprozess.

Eine Besprechung im Tagesgeschäft zu organisieren, ist einfach. Die einzelnen Arbeitsschritte sind überschaubar. Zu klären sind das Ziel und die Agenda, das Format (präsent, hybrid, virtuell), die Dauer, der Zeitpunkt, der Ort, das Teilnehmermanagement, die Veranstaltungstechnik, die Verpflegung sowie die Inhalte (Präsentationen oder Diskussionspapiere).

Damit haben wir in Abb. 1.7 eine mögliche Zusammenstellung für die unterschiedlichen Aufgaben im Arbeitsstrukturplan (Abschn. 3.3) und ihre Abfolge im Phasenkonzept.

Auf das Phasenkonzept in der Veranstaltungsplanung werden wir in Kap. 5 detailliert eingehen.

1.3.1 Veranstaltungsportfolio – gut für die Übersicht

Der Unternehmensalltag ist geprägt von Gesprächen, um Prozesse voranzubringen und Ziele zu erreichen. Das Meeting nimmt als Arbeitsinstrument einen zentralen Stellenwert ein. Events sind Highlights im Jahreslauf. Als Organisator (mwd) von Meetings und Events müssen Sie im Arbeitsalltag wiederkehrende Meetings und Events durchführen. Um die Übersicht zu bewahren, ist es nützlich, diese Veranstaltungen in einem Veranstaltungsportfolio zu listen. Die Übersicht hilft Führungskräften bei der Steuerung (Governance) ihrer Teams. In einem Plan werden die relevanten Meetings festgehalten, welche in einem wiederkehrenden Rhythmus organisiert werden. Damit behält man den Überblick und kann sich auch rechtzeitig auf die einzelnen Veranstaltungen einstellen. Die Termine sind übersichtlich und aufeinander abgestimmt koordiniert.

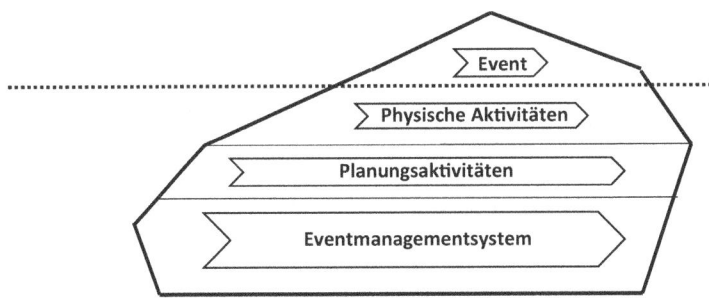

Abb. 1.7 Aufgaben und Phasen im Rahmen der Veranstaltungsorganisation

Der Rhythmus, in dem diese Meetings wiederholt werden, hängt sehr oft von der Jahresplanung der Unternehmensführung ab. Sie bestimmt, wann, was und in welchem Zeitraum präsentiert werden soll. Demzufolge planen die einzelnen Abteilungen oder Projektgruppen ihre Meetings entsprechend. Manche Meetings sind eng getaktet, sie finden wöchentlich statt, andere wiederum nur monatlich, quartalsweise oder ein- bis zweimal pro Jahr, siehe Abb. 1.8.

1.3.2 Participant Journey: Teilnehmende stehen im Mittelpunkt

Die wichtigsten Personen im Event sind die Teilnehmenden. Deshalb ist es wichtig, Veranstaltungen immer auch aus der Teilnehmersicht zu betrachten. Ein wichtiger Erfolgsaspekt von Veranstaltungen aller

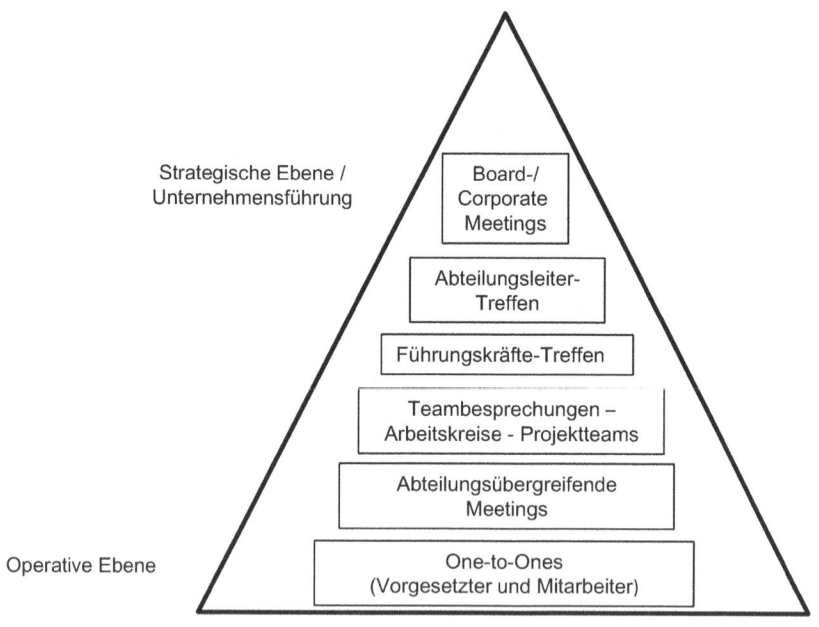

Abb. 1.8 Governance Model Meetings

Art ist, wie wir später noch zeigen werden, die Aktivierung der Teilnehmenden Abschn. 4.2.

Mit der Participant Journey versetzen wir uns gewissermaßen in die Lage der verschiedenen Teilnehmer (mwd). Dadurch können wir ihre Erwartungen an eine Veranstaltung besser abschätzen und auf mögliche Reaktionen bereits im Vorfeld angemessen reagieren.

Personas Als "Personas" beschreiben wir die Rolle, die bestimmte Teilnehmende in der Veranstaltung einnehmen.

Wichtige Teilnehmende, deren Participant Journey wir betrachten sollten, sind:

- Mitarbeitende und Kollegenteam als übliche Teilnehmende im Geschäftsalltag
- Kunde, Auftraggeber, Leitung
- VIPs (Stakeholder, die teilweise besonders behandelt werden)
- Teilnehmende mit Einschränkungen: Körperbehinderte, Rollstuhlfahrer, Hör-Seh-Behinderte, Nicht-Muttersprachler
- „problematische" sicherheitsrelevante Teilnehmende

1.4 Zielsetzungen von Veranstaltungen

1.4.1 Ohne Ziel kein Ergebnis

Ziel und Leistungsumfang (scope)
Das Wichtigste bei Beginn der Planung einer Veranstaltung ist die Festlegung der Ziele. Dabei unterscheiden wir Ziele im Sinne des langfristigen Ergebnisses (Impact, Vision), Ziele der Veranstaltungsorganisation (Output, Outcome) und die Projektziele im Rahmen des Projektdreiecks.

> **Definition**
>
> **Zielsetzung**
> Der Begriff 'Zielsetzung' ist das angestrebte Ergebnis einer Veranstaltung. Es kann durch mehrere abgeleitete (derivative) Einzelziele beschrieben werden.
>
> **Scope**
> Der Begriff Scope bezieht sich immer auf die Abgrenzung, hier des Projektziels. Diese kann positiv (was gehört dazu) oder negativ (was gehört nicht dazu) erfolgen.

Eine grundlegende Bemerkung zu Zielen: Häufig werden nicht die eigentlichen Ziele benannt. Die mehrfache Frage „WOZU" hilft da manchmal.

Aus den Zielen werden derivative Ziele abgeleitet. Klassisch kennt man dies aus der Gewinnmaximierung. Dort werden anhand der Formel $G = E - K = U * d$ die derivativen Ziele Minimierung der Kosten und Maximierung von Erlös, Umsatz und Deckungsbeitrag abgeleitet.

> **Ziele von Veranstaltungen**
>
> **Originäre/Primäre Ziele**
> Alle von den Initiatoren und Trägern gesetzten Ziele, für die die Veranstaltung ins Leben gerufen wird. Die eigentlichen von der Leitung oder im Konsens vereinbarten Ziele einer Maßnahme (Vision, Impact).
>
> **Derivative Ziele**
> Ziele, die der Erreichung der originären Ziele dienen. Abgeleitet zur Erreichung der Primärziele. Häufig auch quantifizierbare Ziele zur Kontrolle der Zielerreichung. Beispiele: Umsatz und Deckungsbeitrag, Outcomes und Deliverables (sogenannte Produktergebnisse), Kundenzufriedenheit, Teilnehmerzahlen (Output).

> **Sekundäre Ziele**
> Ziele, die nicht primär für die Initiierung der Veranstaltung sind, aber bei den Stakeholdern auch Ziele sind. Nebenziele der Verantwortlichen oder einzelner Akteure. Diese können der Gruppe bekannt oder unbekannt sein, bewusst oder unbewusst sein. Wir sprechen hier von der "hidden agenda".

Wer Veranstaltungen plant, organisiert und durchführt, hat mindestens ein Hauptziel. Es geht dabei, wie wir im Folgenden sehen werden, um den Erfolg, das Ergebnis und das Erlebnis. Die Hauptziele von Veranstaltungen zeigt Abb. 1.9

> **Eventziele**
> Zum Beispiel kann ein Event dazu dienen, Identifikation zu stiften. Ein Unternehmen plant eine Umstrukturierung, einen sogenannten Change-Management-Prozess, der dazu führt, dass Arbeitsplätze an einigen Standorten abgebaut und an anderen teilweise wieder aufgebaut werden. Um diesen Prozess erfolgreich durchführen zu können, gilt es, die Führungskräfte der einzelnen Funktionen zu überzeugen, zu binden und zu motivieren, das Projekt zu unterstützen.

Um diese Primärziele zu erreichen, bedarf es weiterer Ziele. Es handelt sich um derivative Ziele, welche von diesen abgeleitet werden.

Kommunikation pflegen	Identifikation stiften	Entscheidungen treffen	Kompetenzen erweitern	Probleme lösen
Information	Motivation	Debatten	Aus-, Fort-, Weiterbildung	Konflikte
Gedankenaustausch	Bindung	Zielsetzung	Wissenstransfer	Aussprache
Networking	Meinungsbildung	Auftragsklärung	Innovationen	Lösungsansätze
Mitarbeiterbindung	Kundgebung	Arbeitsauftrag		
Kundgebung	Überzeugung			
Stakeholder Update	Team-Building			
Kundengewinnung	Akzeptanz			
Verkaufsförderung				

Abb. 1.9 Hauptziele von Veranstaltungen

Weiterhin sprechen wir von sekundären Zielen, auch als Nebenziele bezeichnet. Hierbei handelt es sich um Nebenziele, die man gerne noch zusätzlich erreicht (nice to have) und die einer versteckten Planung (hidden agenda) folgen. Im täglichen Arbeitsleben finden viele Meetings ohne genaue Planung statt. Dabei wäre gerade auch hier ein schonender Umgang mit Ressourcen angebracht. Empfehlungen zur Besprechungskultur verweisen auf gute Vorbereitung, Planung und Planungstreue bei der Durchführung (siehe Saintot, V, Friedrich, K. (2016)).

Je bewusster wir uns der Bestimmung einer Veranstaltung sind, desto besser können wir die Ziele und damit das erwünschte Ergebnis formulieren. Aufgrund dieser Klarheit können wir hierzu passend Veranstaltungsart und -format auswählen und die Struktur bestimmen. Auch der Leistungsumfang (scope), der alle Anforderungen oder Aufgabenstellungen einschließt, um die Ziele zu erreichen, kann viel einfacher bestimmt werden.

1.4.2 Ergebnis und Erlebnis – der Erfolg der Veranstaltung

Die Qualität einer Veranstaltung (Abschn. 2.2.1) bemisst sich an den Anforderungen der Auftraggeber, Veranstalter und der Teilnehmer.

Bei vielen wiederkehrenden Business-Meetings und -Events besteht die Gefahr, dass sie nicht sorgfältig geplant werden. Teilnehmer treffen sich und erwarten, dass die Inhalte präsentiert und diskutiert werden. Hierbei geht wertvolle Zeit verloren. Sind Meetings und Events zu straff geführt, fühlen sich die Teilnehmer gegängelt. Sind sie zu locker geführt, wird sehr viel Zeit verbraucht, die von den Teilnehmern als unnütz vertan empfunden wird. Der Effekt ist meist derselbe: Die Teilnehmer bleiben weg oder sind physisch anwesend, aber mit anderem beschäftigt. Wenn von den Eingeladenen nur ein kleiner Promillesatz kommt und von den Anwesenden nur ein kleiner Prozentsatz aktiv ist, fehlt der Veranstaltung nicht nur das Wissen, sondern auch die Akzeptanz.

Die Planung der Veranstaltung sollte also zwei Ziele Tab. 1.1 verfolgen, die beide durch den Eventcharakter unterstützt werden:

Tab. 1.1 Ergebnis und Erlebnis

	Ergebnis	Erlebnis/Prozess
Kernaussage:	Output Eine Veranstaltung sollte ein konkretes Ergebnis (Deliverable Item) haben	Outcome Eine Veranstaltung wirkt durch ihren Verlauf auf die Teilnehmer
Zitat:	Entscheidend ist, was rauskommt	Der Weg ist das Ziel
Fokus:	Dokumentenorientiert	Menschenorientiert
Schlagwort:	Technical	Social

1. Teilnehmer durch eine gut geplante Tagesordnung und einen ergebnisorientierten Ablauf zu motivieren.
2. Durch Aktivierung der Teilnehmer zu einem positiven Erlebnis und zu effizienten Ergebnissen zu kommen.

Gut, dass wir darüber geredet haben

Erfolgskriterium kann das konkret erzielte Ergebnis, aber auch der Prozess sein. Der Prozess ist mehr als Erlebnis, er muss die Teilnehmer zum Ziel führen (Tab. 1.1).

> **Balance zwischen Erlebnis und Ergebnis beim Kochen**
>
> Was ist wichtiger, das Erlebnis oder das Ergebnis? Schauen wir ein Beispiel an:
>
> Wenn Sie ein Kochevent als Teambuilding-Maßnahme planen, spielt vor allem der Prozess eine Rolle. Ein angebranntes Essen wird eventuell Teil der Erinnerungen, über die man auch später noch plaudert.
>
> Wenn Sie nach dem Event die Lebenspartnerinnen und -partner des Teams zum Essen einladen, sollte auch das Ergebnis stimmen, d. h. das Eventteam wird anders planen und eher eingreifen, um Fehler zu vermeiden.
>
> Wenn Sie als Team für das Catering verantwortlich sind, muss alles perfekt sein. Trotzdem oder gerade deshalb muss man auf die Stimmung im Team achten (Spaß an der Arbeit ist nicht verboten).
>
> **Balance zwischen Erlebnis und Ergebnis beim Vortrag**
>
> Die Zielsetzung eines Vortrags kann die Unterhaltung (delectare) sein. Er kann aber auch der Wissensvermittlung (docere) dienen oder die Zuhörerinnen und Zuhörer zu einer Handlung bewegen (movere).

> **Aktivierung**
>
> Das Führungsteam einer Abteilung organisiert einmal pro Monat einen weltweiten Network-Call, um ein Kollegenteam an verschiedenen Standorten auf der Welt über neue Entwicklungen zu informieren. Üblicherweise wird das einstündige Meeting mit einer Aneinanderreihung von Präsentationen mit verschiedenen Vortragsrednern abgehalten.
> Um den Network-Call interessanter zu gestalten, absolviert das Führungsteam ein Training. Anschließend gestaltet es den Call viel interaktiver und erlebnisreicher. In Folge erhöhen sich die Teilnehmerzahlen und die Zufriedenheit bei Feedback-Fragen fällt positiver aus.

Erfolgsmessung

Der Erfolg einer Veranstaltung wird gerade bei den alltäglichen Business-Meetings oder -Events sehr oft nur an zwei Kennzahlen gemessen: an dem Verhältnis von Aufwand und Kosten und der Zufriedenheit der Teilnehmenden.

Wenn in einer dreistündigen Veranstaltung 100 Personen teilnehmen, so entspricht dies bei jeweils ½ h An- bzw. Abreise einem Aufwand von 400 h, 50 vollen Arbeitstagen oder ca. 20.000 € Personalkosten. Aufwand und Kosten werden in Relation gestellt und als Return on Investment (ROI) bezeichnet. Die Kennzahl steht für den direkten wirtschaftlichen Erfolg. Diese Kennzahl ist für die Eventorganisatoren wichtig, um vorzuweisen, dass sie das Budget eingehalten haben und die direkt angestrebten Ergebnisse erreicht wurden. Wir sprechen hier von einer Input–Output-Betrachtung.

Eine Partizipation, Interaktion sowie eine erlebnisreiche Gestaltung sind wichtig, um Teilnehmer zu begeistern oder wenigstens zu motivieren (vgl. (Dienes et al., 2021)). Für die Organisatoren einer Veranstaltung ist das Feedback der Teilnehmenden wichtig. Dabei wird nach der Zufriedenheit mit dem Inhalt der Veranstaltung, den Vortragenden und der Organisation gefragt. Diese Messung findet in der Regel kurz nach der Veranstaltung statt.

In vielen Meetings und Events werden Diskussionen geführt, Entscheidungen getroffen und Informationen und Haltungen vermittelt, deren Wirkung sich erst Tage, Monate oder Jahre später entfaltet. Nur wenn auch diese Wirkung berücksichtigt wird, kann man den Erfolg messen. Wir sprechen hier von Wirkungslogik.

1.4.3 Wirkungslogik IOOI als Instrument zur Definition und Messung des Erfolgs

Die Wirkungslogik IOOI betrachtet die Ergebnisse eines Projekts in unterschiedlichen Kategorien analog zu der in Abschn. 3.2.1 betrachteten Differenzierung der Projektziele:

> **Wirkungslogik IOOI – Zielkategorien**
>
> **Input**
> Die für das Projekt eingesetzten Ressourcen.
>
> **Output**
> Direkte Projektergebnisse (Deliverables, Dokumente).
>
> **Outcome**
> Projektergebnisse (Derivative messbare Zielaspekte).
>
> **Impact**
> Langfristige Wirkung des Projekts (Projektziel, Vision).

Wirkungslogik: Input – Output – Outcome – Impact ⇒ *IOOI* Die Bewertung unternehmerischen Engagements in nicht-monetären Bereichen erfordert neue Instrumente (vgl. Bertelsmann Stiftung (2010)). Die IOOU-Methode (Abb. 1.10) ermöglicht es, die Ergebnisse von Maßnahmen zu bewerten. Daher ist es sinnvoll, diese Methode für die Erfolgsmessung von Veranstaltungen zu nutzen. Dies veranschaulicht folgendes Beispiel:

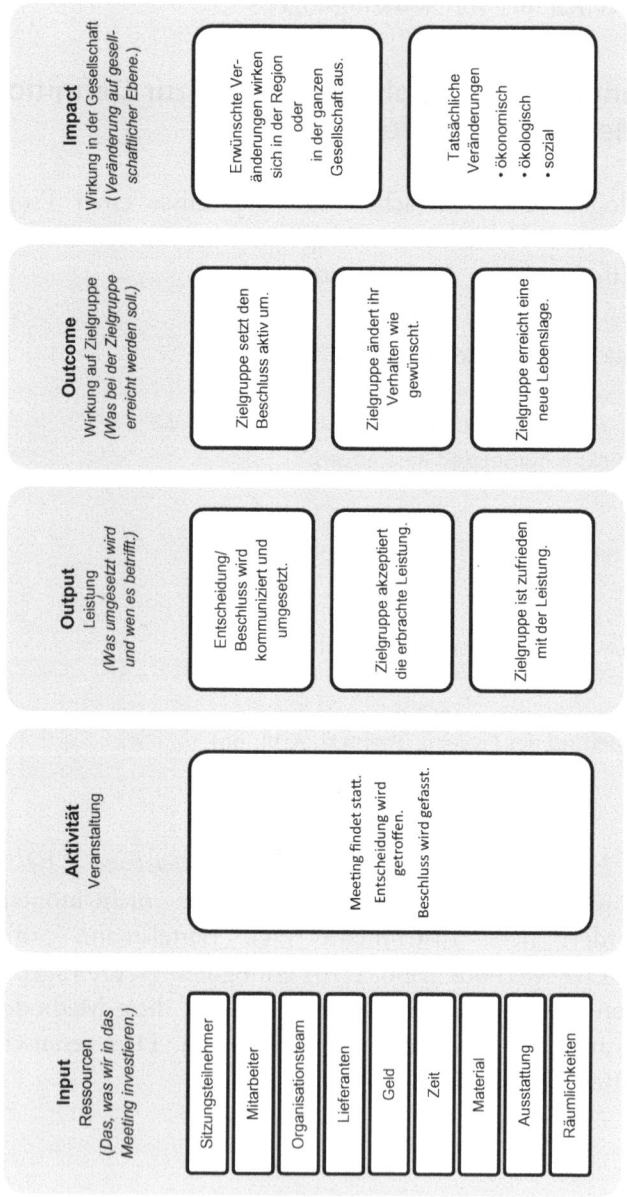

Abb. 1.10 Wirkungslogik IOOI

> **1001**
> Wenn ein Führungskräfteteam ein Meeting plant und zusammenkommt (Input) und das Ergebnis (Output) in dem Beschluss einer Umstrukturierung besteht, dann ist die Wirkung (Outcome) erst nach der Umsetzung des Beschlusses wahrnehmbar. Die Auswirkung (Impact) dieses Beschlusses auf das Unternehmen, die Region oder andere Unternehmen ist viel später erkennbar.

1.4.4 Beispiele von Veranstaltungen

In diesem Abschnitt lernen Sie eine Auswahl der wichtigsten Meetings und Events und ihre typische Ausprägung kennen.

Meetings Meet me: Wie bereits der Begriff deutlich macht, steht hier nicht das Treffen im Vordergrund, sondern das Ergebnis. Der Fokus der täglichen Business-Meetings liegt auf dem Output. Es geht darum, schnelle Entscheidungen zu treffen oder Lösungen im kleinen Kreis zu diskutieren, damit weitere Maßnahmen (Outcome) eingeleitet werden können.

Network Call Ein informelles virtuelles Treffen. Der Network-Call hat einen rein informativen Charakter. Er bietet dem Management oder Projektmanagement die Möglichkeit, in wiederholten Abständen Mitarbeitende einzuladen und über Neuerungen oder Entwicklungen zu informieren.

Townhall Ein physisches oder virtuelles Treffen, bei dem zwar eine Hierarchie besteht, die Teilnehmer aber eigene Redebeiträge bringen können. Beispiel: Betriebsversammlungen. Bei Meetings dieser Art werden mehrere hundert oder gar tausende Mitarbeitende eingeladen. In der Regel wird am Anfang präsentiert und Fragen werden im zweiten Teil der Veranstaltung beantwortet.

Workshop Workshops werden organisiert, um bestimmte Themen zu erörtern. Mithilfe von einem oder mehreren Moderatoren kommt eine Gruppe zu einem Arbeitskreis zusammen. Gemeinsam werden Probleme erörtert und Lösungen angestrebt. Der Workshop bedarf einer guten Planung. Nicht nur das Ziel muss definiert sein, sondern auch der Gesprächs- bzw. Sitzungsverlauf erhält eine gewisse Dramaturgie. Vorstellbar ist zum Beispiel die Diskussion im Plenum und die zeitweise Arbeit in Gruppen (sogenannte Break-out-Sessions). In den letzten Jahrzehnten wurden Varianten für Workshops entwickelt, wie zum Beispiel das World Café. Sie eignen sich für vorgegebene Themen, um mit Teilnehmern eine Lösung oder mehrere Lösungen zu erarbeiten. Andere Methoden, wie zum Beispiel Open Space, geben lediglich die Richtung an, um den Teilnehmenden einen möglichst großen kreativen Spielraum zu ermöglichen.

Corporate Event Das Firmenevent kann intern, für Mitarbeitende, organisiert werden oder extern, um eingeladene Kunden, Lieferanten und weitere interessierte Kreise wie zum Beispiel Anteilseigner (Shareholder), Investoren oder die Presse, einzuladen. Die Planung ist wesentlich umfangreicher und hat einen Vorlauf von mehreren Wochen bis zu einigen Monaten.

Seminar Schulungen reichen von der einfachen Unterweisung einer Gruppe von Kollegen bis hin zu Firmenseminaren für externe Kunden. Schulungen dienen nicht nur der Wissensvermittlung, sondern auch der Gewinnung und Bindung von Mitarbeitern, Partnern, Kunden und Lieferanten.

Vortrag, Präsentation Präsentationen sind Teil der täglichen Arbeit von Managern und Mitarbeitern. Ein Konzept richtig zu vermitteln, erfordert nicht nur die fachliche Beherrschung des Stoffs, sondern auch die kundengerechte Aufbereitung. Hier gibt es einen fließenden Übergang zum Edutainment (Education + Entertainment): Informationen und Wissen sollen im Rahmen eines Events transportiert werden. Auch innerhalb eines Events gibt es immer wieder Situationen, in der eine Einführung oder Begrüßung gemacht und Informationen weitergegeben werden. Ein Grußwort oder Festvortrag ist Teil eines Events und soll selbst Eventcharakter tragen.

Edutainment (Education + Entertainment) Nicht zuletzt gibt es auch Events, die auf die Vermittlung von Wissen abzielen. Im „Edutainment" soll die Erlebnisorientierung genutzt werden, um Information und Wissen zu transportieren. Wenn Manager Meetings oder Events organisieren, um zu informieren und Diskussionen zu führen und um ihr Geschäftsanliegen voranzubringen, müssen sie überzeugen. Wenn Entscheidungen der Geschäftsleitung top-down übermittelt werden, ist es wichtig, die Mitarbeitenden zu motivieren. Dabei reicht es meist nicht, nur die Faktenlage vorzustellen, sondern es ist wichtig, Emotionen anzusprechen. Wenn Referenten vortragen, bedarf es mehr als nur einer Präsentation von Folien. Partizipation und Aktivierung der Teilnehmenden trägt dazu bei, dass aus einem Monolog eine Diskussion und aus der reinen Wahrnehmung bereits eine Reflexion entsteht.

Pressekonferenz Eine Pressekonferenz ist eine gute Möglichkeit, Unternehmenskommunikation personen- und erlebnisorientiert zu betreiben. Dabei ist es wichtig, die Kernbotschaft richtig zu verpacken und zu kommunizieren und gleichzeitig das Neue zu vermitteln. Pressearbeit bedeutet, aus einer Information eine Meldung zu machen. Bei einer Pressekonferenz haben wir die Möglichkeit, Zusatzinformationen z. B. über eine Pressemappe oder online über ein sogenanntes Playbook zu kommunizieren.

Messebeteiligung Messebeteiligungen sind für viele Unternehmen eine ständig wiederkehrende Aufgabe, bei der es gilt, durch eine gute Vorbereitung die in der Regel kurze Messedauer optimal zu nutzen, um möglichst viele Besucher des Messestandes positiv anzusprechen.

Betriebsführung Als eigenständige Veranstaltung oder als Teil eines Meetings, Seminars oder Events ist eine Betriebsführung besonders dann interessant, wenn die Besucher Einblicke in Räume und Abläufe bekommen, die sonst der Öffentlichkeit nicht zugänglich sind. Deshalb sind dort auch die speziellen Vorschriften bezüglich der unterschiedlichsten Bereiche der Sicherheit Abschn. 1.5.3 zu beachten.

1.5 Rechtliche und normative Grundlagen

Eine Veranstaltung findet nicht im „luftleeren Raum" statt, sondern ist durch vielfältige Beziehungen mit anderen Menschen und Organisationen verbunden. Dabei gelten vielfältige Rechtsbeziehungen, die man als Organisator kennen sollte. Wer eine betriebliche Veranstaltung organisiert, muss sich auch über die Grundlagen klar sein. Dies betrifft zum einen die rechtlichen Rahmenbedingungen, insbesondere das Veranstaltungs- und Versammlungsrecht, zum anderen die normativen Grundlagen beispielsweise zum Thema Nachhaltige Entwicklung.

Das Bewusstsein für die Problematik und die Bereitschaft, im Zweifelsfall bei rechtskundigen Kolleginnen und Kollegen zu fragen, ist wichtiger als das auswendige Hersagen der Paragrafen.

Auch für die Nachhaltigkeit gibt es umfangreiche Grundlagen und Normen, an denen man sich orientieren kann.

https://eventfaq.de/regelwerke/

Generell haben die normativen Vorgaben eine Struktur:

1. Gesetze: vom Gesetzgeber = Legislative erlassen
2. Untergesetzliches Regelwerk: Verordnungen und Anweisungen/Regeln der Exekutive. Von unterschiedlichen Stellen wie Regierung und Verwaltung erlassen mit direkter Wirkung auf den Bürger oder indirekter Wirkung durch Regulierung des Verwaltungshandelns.
3. Normen und andere Vorschriften: Durch eine Organisation erlassene Regelungen. Beispiele sind ISO (Internationale Organisation für Normung, International Organization for Standardization), EN (Europäische Normen) und DIN (Deutsches Institut für Normung e. V., www.din.de).

1.5.1 Verantwortung

Eine der wichtigen normativen Grundlagen ziehen wir nicht aus den Paragrafen der Gesetze oder DIN-Normen, sondern aus unserer Verantwortung – heute und für die Zukunft.

Das „Prinzip Verantwortung" von Hans (Jonas, (1979)) ist ein anthropozentrischer Imperativ: Der Mensch steht im Mittelpunkt. Die Argumentation ist lokal utilitaristisch (Gesamteffekt, Gesamtnutzen für die Menschheit), aber global auf eine sehr langfristige Verantwortung ausgerichtet. Das Prinzip Verantwortung gibt eine Maxime (Handlungsrichtlinie) für das Handeln.

> Handle so, dass die Wirkungen deiner Handlungen verträglich sind mit der Permanenz echten menschlichen Lebens auf Erden.
> Gefährde nicht die Bedingungen für den indefiniten Fortbestand der Menschheit auf Erden.
> Hans Jonas "Prinzip Verantwortung"

Von zentraler Bedeutung ist aber die Verantwortung, die wir als Veranstalter gegenüber den Teilnehmern und Mitarbeitern haben. Deshalb spielt die Sicherheit im Veranstaltungsmanagement eine wichtige Rolle.

1.5.2 Rechtsbeziehungen und Veranstaltungsrecht

Ein Quick Guide kann hier nur sensibilisieren, für Details verweisen wir auf die vielfältige Literatur zum Veranstaltungsrecht (und z. B. die Seite www.eventfaq.de und die Beträge in Holzbaur et al., 2010; (Nußbaum, 2015), (Risch & Kerst, 2011).

Rechtsbeziehungen werden beispielsweise begründet durch:

1. Einladung, Buchung
2. Verkauf von Eintrittsberechtigungen (Eintrittskarten, z. B. in externe Messehalle)
3. Engagieren von Akteuren (Dozent, Künstler), Werks- oder Dienstvertrag

4. Vermittlung von Akteuren, Personal, Objekten und Dienstleistungen durch Agenturen
5. Mieten von Räumlichkeiten und Infrastruktur, Ton- und Beschallungsanlagen
6. Engagieren von Cateringfirmen

Eine Verantwortung (Haftung) kann aus einem Vertrag oder aus einer Handlung abgeleitet werden. Die Abb. 1.11 gibt die wichtigsten Rechtsbeziehungen an, weitere sind durchaus möglich (z. B. direkte Haftung des Teilnehmers gegenüber dem Personal, Auflagen von Behörden oder Verträge mit dem Caterer).

Regularien können sein:

- Globale, nationale und lokale gesetzliche Anforderungen der Legislative – Gesetze
- Anforderungen der Exekutive unterschiedlicher Ebenen – untergesetzliches Regelwerk
- Freiwillige Prinzipien, Verhaltenskodizes oder Verpflichtungen
- Vereinbarungen mit Behörden, Lieferanten, Kunden, Verbänden, gesellschaftlichen Gruppen oder Nichtregierungsorganisationen
- Öffentliche Verpflichtungen der Organisation oder ihrer Mutterorganisation
- Anforderungen von Verbänden, der Gesellschaft oder/des Mutterkonzerns

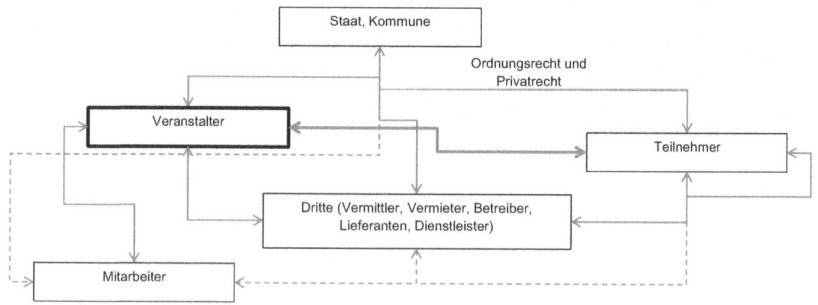

Abb. 1.11 Exemplarische Rechtsbeziehungen bei Firmenveranstaltungen

- Internationale Konventionen, Verträge und Abkommen, z. B. internationale Vereinbarungen, die von Organisationen wie den Vereinten Nationen oder der Internationalen Arbeitsorganisation (ILO) gefördert werden
- Normen und Richtlinien
- Richtlinien von Verwaltungen wirken nur indirekt gegen den Bürger, da sie das Verwaltungshandeln regulieren

1.5.3 Sicherheit und Räumlichkeiten

1. Bei der Organisation von betrieblichen Veranstaltungen muss auf die Sicherheit der Mitarbeiter, von externem Personal und Teilnehmer geachtet werden. Dabei vereinen betriebliche Veranstaltungen zwei sicherheitsrelevante Bereiche: Es sind Veranstaltungen, bei denen das Veranstaltungsrecht greift.
2. Sie finden auf einem Gelände statt, für das bestimmte Sicherheitsvorschriften gelten.

Sicherheit, Unfall- und Gesundheitsschutz Für eine Veranstaltung kann dies bei der Nutzung von Räumen und Gebäudeteilen für die Veranstaltung selbst, als Wege oder im Rahmen von Betriebsführungen relevant werden.

Für diese Bereiche gibt es umfangreiche Regelungen, die Sie je nach Unternehmen mit dem Ansprechpartner für den technischen Bereich oder das Gebäudemanagement absprechen sollten.

Versammlungsstättenverordnung (VStättVO) Die VStättVO sollten jedem, der Veranstaltungen organisiert, zumindest bekannt sein. Je nach Größe und Veranstaltungsort könnte sie relevant sein oder als Anhalt dienen.

VStättVO
§ 38 VStättVO Pflichten der Betreiber, Veranstalter und Beauftragten.

(1) Der Betreiber ist für die Sicherheit der Veranstaltung und die Einhaltung der Vorschriften verantwortlich.
(2) Während des Betriebes von Versammlungsstätten muss der Betreiber oder ein von ihm beauftragter Veranstaltungsleiter ständig anwesend sein.

Die VStättVO werden in Deutschland jeweils durch und für die einzelnen Bundesländer festgelegt, eine Basis liefert die Muster-VStättVO (MVStättVO). Technische Vorgaben macht die DIN 15750 – Veranstaltungstechnik – Leitlinien für technische Dienstleistungen. In der Schweiz bietet der Schweizer Verband technischer Bühnen- und Veranstaltungsberufe SVTB Informationen und Regelwerke (Publikationen [22]) an, um für Sicherheit zu sorgen.

Versicherung Eine Veranstaltung birgt verschiedene Risiken. Stolperfallen im Raum, Diebstahl bei der Garderobe, Veranstaltungstechnik, die zerstört wird, oder Diebstahl von Equipment. Wenn der Betrieb bereits eine Versicherung für allgemeine Meetings abgeschlossen hat, so sollte die Versicherungsleistung bei größeren Veranstaltungen, wie zum Beispiel dem Tag der offenen Tür, überprüft werden.

Die wichtigste Versicherung ist eine Veranstalterhaftpflichtversicherung, welche Personen- und auch Sachschäden abdeckt. Doch prüfen Sie den Umfang der Versicherungsleistung genau. Auch Schäden, die durch Teilnehmende, durch die Veranstaltungstechnik oder durch höhere Gewalt auftreten, sollten abgedeckt werden. Eine Versicherung bei Ausfall kann bei Großveranstaltungen ebenfalls angebracht sein.

Nachhaltigkeit
Veranstaltungen sind eine Unternehmensaktivität, die häufig nach außen sichtbar ist. Im Sinne des Whole Institutional Approach müssen diese nachhaltig gestaltet werden (vgl. Bundesministerium für Bildung und Forschung (Hrsg.), Whole Institution Approach – der ganzheitliche Ansatz, https://www.bne-portal.de/bne/de/einstieg/bildungsbereiche/whole-institution-approach/whole-institution-approach, abgerufen am 22. April 2021).

Brundtland und die Agenda 21 Basis des Themas nachhaltige Entwicklung ist die folgende Definition und ihre Umsetzung in der Agenda 21.

Nachhaltigkeit
Nachhaltig ist eine Entwicklung, die den Bedürfnissen der heutigen Generation entspricht, ohne die Möglichkeiten künftiger Generationen zu gefährden, ihre eigenen Bedürfnisse zu befriedigen und ihren eigenen Lebensstil zu wählen. (Brundtland-Definition, WCED, 1987).

Wichtige Komponenten der Nachhaltigkeit sind die sogenannten Säulen: Wirtschaft und Wertschöpfung, Soziales System und Gesellschaft, Natürliche Umwelt und Ressourcen.

Kurz zusammengefasst könnte man auch sagen: Nachhaltigkeit ist der Erhalt der menschlichen Kultur. Bildung ist ein wichtiger Aspekt der nachhaltigen Entwicklung, als Ziel und als Werkzeug. Für eine ausführliche Darstellung siehe Holzbaur, U. (2020).

Agenda 2030 und die SDGs Die Mitgliedsstaaten der Vereinten Nationen haben im September 2015 die Agenda 2030 einstimmig verabschiedet. Damit setzen sich alle Länder für 17 nachhaltige Entwicklungsziele (Sustainable Development Goals, SDGs) ein. Diese Ziele betreffen global eine soziale, wirtschaftliche und ökologisch nachhaltige Entwicklung.

Sustainable Development Goals – SDG
1. Armut in all ihren Formen überall beenden
2. Hunger beenden, Lebensmittelsicherheit und verbesserte Ernährung erreichen und eine nachhaltige Landwirtschaft fördern
3. Gesundes Leben sicherstellen und das Wohlergehen für alle Menschen in jedem Alter fördern
4. Inklusive, gerechte und hochwertige Bildung sichern und die Möglichkeit für lebenslanges Lernen für alle fördern
5. Geschlechtergerechtigkeit und Empowerment für alle Frauen und Mädchen

6. Verfügbarkeit und nachhaltiges Management von Wasser und sanitären Einrichtungen sowie Abwassersystemen sichern
7. Zugang zu leistbarer, zuverlässiger, nachhaltiger und moderner Energie für alle sichern
8. Dauerhaftes, inklusives und nachhaltiges Wirtschaftswachstum, volle und ertragreiche Erwerbstätigkeit und menschenwürdige Arbeit für alle erreichen
9. Belastbare Infrastruktur aufbauen, inklusive und nachhaltige Industrialisierung fördern und Innovation unterstützen
10. Ungleichheit innerhalb und zwischen den Ländern verringern
11. Städte und Siedlungen inklusiver, sicherer, widerstandsfähiger und nachhaltiger gestalten
12. Nachhaltige Konsum- und Produktionsstrukturen sichern
13. Maßnahmen zur Bekämpfung des Klimawandels und seiner Auswirkungen ergreifen
14. Ozeane, Meere und Meeresressourcen im Sinne der nachhaltigen Entwicklung erhalten und nutzen
15. Ökosysteme der Erde schützen, wiederherstellen und ihre nachhaltige Nutzung fördern. Wälder nachhaltig bewirtschaften, unfruchtbares Land beleben und den Verlust der Biodiversität stoppen
16. Friedliche und inklusive Gesellschaften fördern, allen Menschen Zugang zu Justiz ermöglichen und wirksame, zuverlässige, rechenschaftspflichtige und inklusive Institutionen aufbauen
17. Mittel zu Umsetzung und Wiederbelebung der globalen Partnerschaft für nachhaltige Entwicklung stärken.

Wichtig zu wissen ist, dass diese SDG nicht alleinstehen, sondern diese 196 Unterziele mit Zieldefinitionen und Maßnahmen haben.

Die 17 Sustainable Development Goals gelten global und haben auch lokale Aspekte. Im Rahmen von Veranstaltungen können sie zwar als inhaltliche oder grafische Referenz dienen, sind aber für die Strukturierung und Planung weniger geeignet.

ISO 26000 Für Unternehmen relevant ist die ISO 26000 „Leitfaden zur gesellschaftlichen Verantwortung von Organisationen". In der ISO 26000 wird auch der Begriff „Handlungsfeld" eingeführt, der in unserem Leitfaden von Bedeutung ist. Die ISO 26000 ist der Leitfaden für Unternehmen, sie ist auch in ((BMAS (2011) ISO 26000 Die DIN ISO 0 „Leitfaden zur gesellschaftlichen Verantwortung von Organisationen"– Ein Überblick. Bundesministerium für Arbeit und Soziales Referat Information, Publikation, Redaktion, abgerufen am 22. April 2021. (2011)) und ((BMUB (2014) ISO 26000: Gesellschaftliche Verantwortung von Unternehmen. Eine Orientierungshilfe für Kernthemen und Handlungsfelder des Leitfadens DIN ISO 0. Bundesministerium für Umwelt, Naturschutz, Bau und Reaktorsicherheit (BMUB) Referat Öffentlichkeitsarbeit. (2014)) beschrieben.

> **Gesellschaftliche Verantwortung** ist die „Verantwortung einer Organisation für die Auswirkungen ihrer Entscheidungen und Aktivitäten auf die Gesellschaft und die Umwelt durch transparentes und ethisches Verhalten, das zur nachhaltigen Entwicklung, Gesundheit und Gemeinwohl eingeschlossen, beiträgt, die Erwartungen der Anspruchsgruppen berücksichtigt, anwendbares Recht einhält und im Einklang mit internationalen Verhaltensstandards steht, in der gesamten Organisation integriert ist und in ihren Beziehungen gelebt wird".

Grundsätze der ISO 26000

- Rechenschaftspflicht: Eine Organisation sollte für die Auswirkungen ihrer Entscheidungen und Aktivitäten auf Gesellschaft, Wirtschaft und Umwelt die Verantwortung übernehmen und nachweisbar Rechenschaft ablegen.
- Transparenz: Eine Organisation sollte insbesondere dann transparent agieren, wenn ihre Entscheidungen und Aktivitäten einen Einfluss auf Gesellschaft oder Umwelt haben. Das umfasst eine glaubwürdige, offene, verständliche Kommunikation und Berichterstattung über Zweck, Art und Standorte der Aktivitäten einer Organisation.

- Ethisches Verhalten: Das Handeln einer Organisation sollte auf den Werten der Ehrlichkeit, der Gerechtigkeit und der Rechtschaffenheit beruhen.
- Achtung der Interessen von Anspruchsgruppen: Eine Organisation sollte ihre Anspruchsgruppen kennen und deren Interessen respektieren und berücksichtigen.
- Achtung der Rechtsstaatlichkeit: Eine Organisation sollte Recht und Gesetz unbedingt achten und einhalten.

Handlungsfelder und Kernthemen der ISO 26000 Die Handlungsfelder ergeben sich aus den Kernthemen der ISO 26000 (BMUB (2014)) ISO 26000: Gesellschaftliche Verantwortung von Unternehmen. Eine Orientierungshilfe für Kernthemen und Handlungsfelder des Leitfadens DIN ISO 0. Bundesministerium für Umwelt, Naturschutz, Bau und Reaktorsicherheit (BMUB) Referat Öffentlichkeitsarbeit. 2014), Abb. 1.12).

- Organisationsführung – Governance
- Faire Betriebs- und Geschäftspraktiken
- Menschenrechte
- Konsumentenanliegen – inkl. Qualität
  von Produkten und Dienstleistungen
- Arbeitspraktiken
- Einbindung und Entwicklung der Gemeinschaft
- Umwelt – Umweltmanagementsystem – Umweltauswirkungen und Ressourcenverbräuche

ISO 26000	Individuum	Organisation	Gesellschaft	Zukunft
Unternehmensbezogen	Arbeitspraktiken	Governance Führung	CSR	Wissen
Global Extern	Menschenrechte	Fairer Wettbewerb	Produkt und Konsument	Natürliche Ressourcen

Abb. 1.12 Kernthemen im Nachhaltigkeitsmanagement nach ISO 26000

Global Reporting Initiative (GRI) Die Global Reporting Initiative ist eine Organisation, die Anforderungen, Standards, Leitfäden und Erstellungshilfen für Nachhaltigkeitsberichte festlegt (www.globalreporting.org). Der Nachhaltigkeitsbericht soll dabei die wichtigen Bereiche des Nachhaltigkeitsengagements von Unternehmen abdecken. Speziell für Veranstaltungsorganisatoren wurden Berichtspflichten veröffentlicht (GRI, 2021). Um das Ganze vergleichbar zu machen, hat die GRI einen Satz von über 100 Indikatoren herausgegeben, die Nachhaltigkeitsaktivitäten und Nachhaltigkeitswirkungen des Unternehmens beschreiben.

ISO 20121 Die Norm ISO 20121:2012 (DIN 20121) wurde anlässlich der Olympischen Spiele 2012 in London bereitgestellt und angewendet. Die Norm umschreibt einen Managementprozess, der Organisationsverantwortlichen hilft, nachhaltige Ziele entlang der Wertschöpfungskette einer Veranstaltung abzuleiten. Dabei werden ökologische, soziale und ökonomische Dimensionen der Nachhaltigkeit berücksichtigt.

> Mithilfe eines nachhaltigen Eventmanagements kann man Folgendes erreichen:
>
> 1. Möglichkeiten zur Verbesserung der Planung und Durchführung von Events offenlegen
> 2. Aufgaben und Verantwortung bei Mitarbeitenden und Lieferanten festlegen
> 3. Kosten senken, indem das Prozess-, Ressourcenmanagement verbessert wird
> 4. Nachhaltige Ziele noch besser erreichen durch Integration bzw. Einbindung in ein bestehendes Umweltmanagementsystem
> 5. Kommunikation der Verpflichtung und des unternehmerischen Engagements zur Nachhaltigkeit auch bei Veranstaltungen nutzen

Ökobilanzierung Zentral für die Ökobilanzierung sind die Normen der Reihe ISO 14040 Abschn. 2.3.4.

Berichtsrichtlinien Die europäische Richtlinie zur Berichterstattung wurde in Deutschland als CSR-Richtlinie-Umsetzungsgesetz umgesetzt. Mit der Einhaltung der Anforderungen an die Berichtspflicht zur CSR (Corporate Social Responsibility) stellt das Unternehmen seine Aktivitäten zur Nachhaltigkeit im Betrieb dar. Es umfasst Maßnahmen, Ergebnisse, Risiken und wesentliche Leistungsindikatoren zu umweltbezogenen, wirtschaftlichen und gesellschaftlichen Bereichen. Der Deutsche Nachhaltigkeitskodex unterstützt den Aufbau einer Nachhaltigkeitsstrategie und bietet einen Einstieg in die Nachhaltigkeitsberichterstattung. Business-Meetings und -Events als Arbeitsinstrument sollten in diese Bemühungen eingeschlossen werden. Sie sind ein Wettbewerbsfaktor. Über die Lieferkette sind auch kleinere und mittlere Unternehmen gut beraten, ihre Dienstleistungen und Produkte nachhaltig auszurichten bzw. für Transparenz beim Angebot zu sorgen.

In der Schweiz gibt es einen Aktionsplan zur Verantwortung von Unternehmen. Der Plan ruft Unternehmen auf, sich für Gesellschaft und Umwelt einzusetzen. Eine Berichtspflicht besteht nicht (vgl. Schweizerische Eidgenossenschaft, Staatssekretariat für Wirtschaft SECO, Corporate Social Responsibility, [29]).

1.5.4 IT-Sicherheit

Informationssicherheit ist ein weites Feld, das auch bei Veranstaltungen nicht vernachlässigt werden darf. Dabei geht es, grob gesagt, zum einen um den Schutz von Informationen des Unternehmens und zum anderen um den Schutz der Informationen über die an der Veranstaltung beteiligten Personen.

Im Bereich der IT-Sicherheit hat das Unternehmen ein wichtiges Interesse, sein Wissen und seine betrieblichen Informationen zu schützen. Informationssicherheit betrifft vor allem den Schutz vor unbefugtem Zugriff, aber auch die Sicherheit der Daten selbst. Dabei spielt neben technischen Aspekten auch das Verhalten der Mitarbeiter eine wichtige Rolle.

ISO 27001
Das Informationssicherheitsmanagementsystem wahrt die Vertraulichkeit, Integrität und Verfügbarkeit von Information unter Anwendung eines Risikomanagementprozesses und verleiht interessierten Parteien das Vertrauen in eine angemessene Steuerung von Risiken. Siehe auch Abschn. 2.1.2.

Datenschutz Datenschutz ist der Schutz des Bürgers vor einer ungerechtfertigten Bearbeitung und Nutzung seiner personenbezogenen Daten.

DSGVO
§ 1 … Diese Verordnung schützt die Grundrechte und Grundfreiheiten natürlicher Personen und insbesondere deren Recht auf Schutz personenbezogener Daten.
 § 5 Personenbezogene Daten müssen … in einer Weise verarbeitet werden, die eine angemessene Sicherheit der personenbezogenen Daten gewährleistet …

> **Beispiel: Unbefugter Zugriff**
> Während einer Versammlung erhalten Gäste Zugriff auf firmeninterne Datenträger. Damit können sie technische Informationen abgreifen oder löschen (IT-Sicherheit) oder aber personenbezogene Daten der anderen Teilnehmer, von Kunden oder Mitarbeiten abrufen (Datenschutz). Dasselbe kann passieren, wenn ein Teilnehmer unter einem Vorwand das E-Mail-Konto eines Mitarbeitenden nutzt.

1.5.5 Weitere Normen

Weitere Normen und Richtlinien bilden das Fundament für das Management in unterschiedlichen Bereichen wie.

Projektmanagement (DIN 69901 …)
Umweltmanagement (ISO 140001, EMAS, …)
Qualitätsmanagement (ISO 9001, EFQM)

> **Ihr Transfer in die Praxis**
>
> Blicken Sie zurück auf drei bis vier Meetings und Events, die Sie in den letzten Wochen organisiert oder besucht haben.
> Welche Veranstaltungsarten und -formen organisierten Sie oder Ihr Team?
> Wenn Sie gerade dabei sind, die nächsten Veranstaltungen zu planen, welche Bestimmung(en), welche primären, sekundären und derivativen Ziele können Sie erkennen?
> Prüfen Sie, welche rechtlichen und normativen Grundlagen in Ihrem Unternehmen bereits angewendet werden, und welche hinzugefügt werden müssen.

Literatur

Hinweis: Für unsere Leser (mwd) haben wir Planungshilfen, z. B. Checklisten, erstellt. DieseVorlagen können und sollten Sie für Ihre jeweilige Veranstaltung anpassen. Sie finden diese aufunser Website www.sustainable-event.management.

Bertelsmann Stiftung (Hrsg.) (2010). Corporate Citizenship planen und messen mit der iooi-Methode. Ein Leitfaden für das gesellschaftliche Engagement von Unternehmen, Bertelsmann-Stiftung, Gütersloh, https://www.bertelsmann-stiftung.de/fileadmin/files/Leitfaden_CCMessungl.pdf, Zugegriffen: 22. Apr. 2021.

Beuth-Verlag (Hrsg.) DIN ISO 20121:2013–04 Nachhaltiges Veranstaltungsmanagement – Anforderungen mit Anleitung zur Anwendung (ISO 20121:2012)

BMAS. (2011). ISO 26000 Die DIN ISO 26000 „Leitfaden zur gesellschaftlichen Verantwortung von Organisationen"– Ein Überblick. Bundesministerium für Arbeit und Soziales Referat Information, Publikation, Redaktion, Zugegriffen: 22. Apr. 2021.

BMUB (2014) ISO 26000: Gesellschaftliche Verantwortung von Unternehmen. Eine Orientierungshilfe für Kernthemen und Handlungsfelder des Leitfadens DIN ISO 26000. Bundesministerium für Umwelt, Naturschutz, Bau und Reaktorsicherheit (BMUB) Referat Öffentlichkeitsarbeit.

Dienes, K., Naujoks, T., Rief, S. (2021). Die zukünftige Rolle von Business Events im Kommunikationsmix von Organisationen. Future Meeting Space. Fraunhofer IAO, Stuttgart, http://publica.fraunhofer.de/eprints/urn_nbn_de_0011-n-6250452.pdf. Zugegriffen: 6. Mai 2021.
Eventrecht EVENTFAQ. https://eventfaq.de/. Zugegriffen: 22. Apr. 2021.
Für unsere Leser (mwd) haben wir Planungshilfen, z. B. Checklisten, erstellt. Diese Vorlagen können und sollten Sie für Ihre jeweilige Veranstaltung anpassen. Sie finden diese auf unserer Website www.sustainable-event.management.
GRI (Hrsg.) (2021). GRI G4 Event Organizers Sector Disclosures, https://www.globalreporting.org/search/?query=event, Zugegriffen: 7. Apr. 2021.
Hachtel, G. H., & U. (2009). *Management für Ingenieure.* Vieweg.
Holzbaur, U. (2011). Zukunftswerkstatt kompakt. Mit dem Phasenkonzept der Zukunftswerkstatt Hochschulworkshops effizient durchführen und lehren. Neues Handbuch Hochschullehre G 5.16 Z Josef Raabe.
Holzbaur, U. (2016). *Events Nachhaltig gestalten.* Springer.
Holzbaur, U. (2020^2) Nachhaltige Events Springer.
Holzbaur, U., Jettinger, E., Knauß, B., Moser, R., Zeller M. (2002^1, 2010^4) Eventmanagement, Springer.
Jonas, H. (1979). Prinzip Verantwortung.
Knoll, T. (2015). Neue Konzepte für einprägsame Events. Partizipation statt Langeweile – vom Teilnehmer zum Akteur. Springer Wiesbaden.
Knoll, T. (2017). Veranstaltungen 4.0 – Konferenzen, Messen und Events im digitalen Wandel. Springer Wiesbaden.
Nußbaum, B. (2015). *Im Rampenlicht Der rote Faden zum Event-Erfolg.* Wissenschaft & Praxis.
Risch, M., & Kerst, A. (2011). *Eventrecht kompakt – Ein Lehr- und Praxisbuch mit Beispielen aus dem Konzert- und Kulturbetrieb.* Springer.
Saintot, V., Friedrich, K. (2016). Das MeetingLAB der Europäischen Zentralbank. Ein Bericht aus dem Besprechungszimmer. OrganisationsEntwicklung Ausgabe 4/2016, S. 6–12, Fachmedien Otto Schmidt K, Düsseldorf.
World Commission on Environment and Development (WCED). (1987). *Our Common Future.* Oxford University Press.
Zanger, C. (2014). *Ein Überblick zu Events im Zeitalter von Social Media.* Springer.

Schweizerischer Verband technischer Bühnen- und Veranstaltungsberufe (2018). EKAS-Sicherheitskonzept/ASA-Handbuch – Theater & Veranstaltungsbetriebe. In: https://svtb.ch/publikationen/hilfsmittel/. Zugegriffen: 30. Apr. 2021.

2
Eigenschaften effizienter nachhaltiger Veranstaltungen

> **Was Sie aus diesem Kapitel mitnehmen**
> Warum eine Veranstaltung erfolgreich sein kann, wenn sie
>
> - gut organisiert ist und klare Ziele hat
> - gegen Beeinträchtigungen und Risiken geschützt ist
> - aktivierend und positiv gestaltet ist
> - grün und nachhaltig ist

Dabei sind für Veranstaltungen folgende Eigenschaften der Pyramide Abb. 2.1 zusammengefasst relevant:

- Strategisch ausgerichtet, damit die Veranstaltung auch die richtigen Ziele verfolgt und erreicht
- Stabil (dass alles läuft), als Projekt gut geplant und zielführend
- Sicher (gegen Störungen und vor Katastrophen), verantwortlich für die Teilnehmer (mwd)
- Gut (erlebniswert, ergebnisorientiert), aktivierend und positiv, emotionalisierend und motivierend

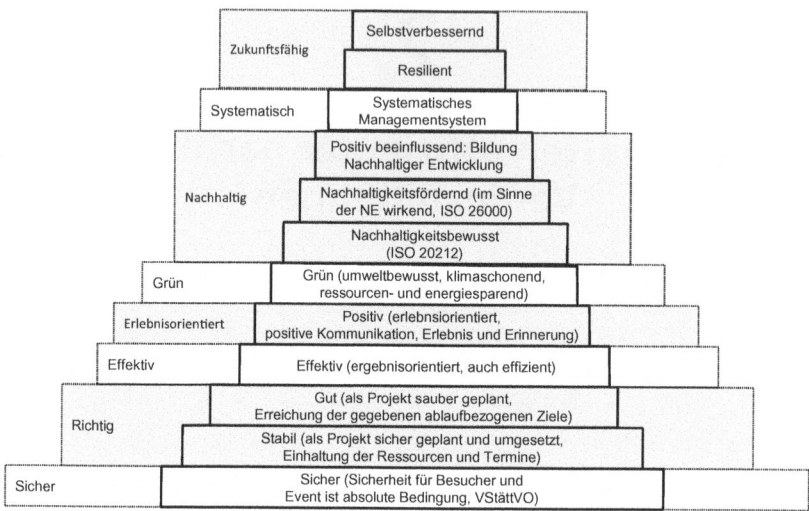

Abb. 2.1 Pyramide der Veranstaltungseigenschaften

- Grün (umwelt- und klimafreundlich), ressourcen- und energiesparend, inklusiv
- Nachhaltig verantwortlich für die Gesellschaft und fördernd für das gesamte Unternehmen und die Gesellschaft

Wir fassen diese Eigenschaften und die Wege dorthin in Tab. 2.1 zusammen.

Die ersten Punkte sind Inhalt des klassischen Eventmanagements (Holzbaur et al., 2002, die letzten beiden die des Nachhaltigen Eventmanagements (Holzbaur, 2016).

2.1 Sicher

Wer eine Veranstaltung plant, denkt nicht zuerst an die Sicherheit, sondern an die Ziele, den Inhalt und die Teilnehmer. Nach der ersten Grobplanung, wenn Teilnehmerkreis, Ort und Zeit, Programm und Anreise feststehen, dann kann man erst die Sicherheit beurteilen. Aber

2 Eigenschaften effizienter nachhaltiger Veranstaltungen

Tab. 2.1 Wichtige Eigenschaftskategorien von Veranstaltungen

	Warum es wichtig ist:	Wie man es erreicht:	Wie man es erkennt/misst:
Strategisch	Die Veranstaltung muss am Gesamtziel ausgerichtet sein.	Zieldefinition Stakeholdermanagement	Ganzheitliche Bewertung (Impact)
Stabil	Damit alles läuft, muss die Veranstaltung als Projekt gut geplant und zielführend sein.	Projektmanagement	Qualität, keine Ausfälle
Gut	Ein gutes Ergebnis und ein positives Erlebnis sind wichtig.	Eventmanagement Aktivierung	Ergebnis
Sicher	Schutz für die Veranstaltung und Personen gegen Schäden und Störungen.	Risikomanagement	Keine Unfälle oder Störungen
Grün	Rücksicht auf natürliche Ressourcen (Umwelt, Klima).	Nachhaltigkeit als Restriktion	Ökobilanz
Nachhaltig	Verantwortlich handeln für die Gesellschaft.	Nachhaltigkeit als Ziel	Nachhaltigkeitsbilanz

die Eigenschaft Sicherheit ist unabdingbar und stellt deshalb die Basis für jede Veranstaltung dar.

> Wenn Sie die Veranstaltung nicht sicher machen können, lassen Sie sie bleiben.

Sicherheit umfasst mehrere Aspekte bezüglich der Schutzobjekte:

1. Im engeren Sinne geht es um die Sicherheit der Teilnehmer vor Schädigungen aller Art. Die Sicherheit von Leib und Leben (physische Unversehrtheit) wird ergänzt durch den Schutz vor psychischen Schäden und den Schutz des Eigentums.

2. Ein weiterer Punkt ist der Schutz der Mitarbeiter und Assets (Eigentum, Werte, Informationen) aller Beteiligten.
3. Im weiteren Sinne geht es auch um den Schutz vor finanziellen Schäden, Umweltschäden und sonstige Schäden.

Daneben können wir die Bedrohungen unterscheiden:

1. Interne Gefahren durch die Veranstaltung selbst. Dazu gehören auch alle Risiken, die durch das Verhalten der Besucher ausgelöst werden können.
2. Externe natürliche Gefahren wie Wetterereignisse.
3. Externe Bedrohungen durch Personen.

2.1.1 Sicherheit als Grundvoraussetzung

Bei der Organisation von betrieblichen Veranstaltungen muss auf die Sicherheit der Mitarbeiter, von externem Personal und Besuchern geachtet werden. Dabei vereinen betriebliche Veranstaltungen die sicherheitsrelevanten Bereiche des Veranstaltungsrechts und der betrieblichen Sicherheitsvorschriften.

2.1.2 Risikomanagement

Anliegen des Risiko-Managements ist die Festlegung eines einheitlichen Denk- und Handlungsprozesses zur Bewältigung von Risiken. Dabei werden mögliche Ereignisse und Entwicklungen gedanklich vorweggenommen. Die Phasen des Risiko-Management-Prozesses sind:

- Risikoidentifikation
- Risikoanalyse, Risikobewertung
- Risikobewältigung

Die Schritte bauen aufeinander auf. Wichtige Bereiche des Risikomanagements sind:

- Unfall (Teilnehmer, Arbeitssicherheit, Sicherungspflicht)
- Umwelt (Umweltbelastung, Entsorgung)
- externe Einflüsse (Wetter)
- Gesundheit, Lebensmittelhygiene
- Recht (Haftung, Strafgesetz, Privatrecht)
- Finanzielles Risiko (Ausfallrisiken, Marktrisiken)

Vergleiche Hachtel & Holzbaur (2009).
Veranstaltungen sind risikobehaftet: no risk – no fun. Risikomanagement folgt dem Motto: more fun, less risk.

2.1.3 Machbarkeit und Risiken

Jedes Projekt und damit auch jede Veranstaltung sollte vor dem Projektstart bzw. in einer ersten Phase auf seine Machbarkeit hin untersucht werden. Dabei spielen neben der eigentlichen Sicherheit auch weitere Kriterien (Tab. 2.2) eine Rolle.

Tab. 2.2 Machbarkeitsanalyse

Aspekt	Kernfragen
Generell	Ist das Event bzw. Meeting in der vorgeschlagenen Form machbar?
Aufwand	Ist der Aufwand machbar? Sind die Ressourcen vorhanden?
Finanziell	Ist die Veranstaltung von den zu erwartenden Kosten und Erträgen umsetzbar?
Sicherheit	Bestehen Risiken und Gefahren für Teilnehmer und Mitwirkende?
Rechtlich	Ist die Veranstaltung rechtssicher? Ist das Ergebnis legal?
Nachhaltigkeit	Wie ist die Wirksamkeit bezüglich der nachhaltigen Entwicklung?
Technisch	Kann das angestrebte Ergebnis vom Stand der Technik her erzielt werden?
Politisch	Sind das Event bzw. Meeting und das zu erwartende Ergebnis politisch durchsetzbar?
Nutzen	Besteht Interesse am Ergebnis der Veranstaltung? Wie kann es genutzt werden?
Kompetenz	Ist das Team für die Umsetzung der Veranstaltung befähigt/bevollmächtigt?

Veranstaltungen werden in der Regel mit Projektmanagement-Methoden realisiert. Projekte sind stets risikobehaftet, ihr Erfolg kann nicht garantiert werden. Daher ist es wichtig, bereits zu Beginn mögliche Risiken im Prozess des Risikomanagements zu identifizieren und sich trotz aller Euphorie zu fragen, was alles schiefgehen könnte.

> Risikomanagement beinhaltet immer den Umgang mit Unsicherheit und die Berücksichtigung des Unwahrscheinlichen.

2.1.4 Räumliche Aspekte von Sicherheit, Unfall- und Gesundheitsschutz

Für jedes Gebäude und jede Räumlichkeit gelten bestimmte Nutzungs- und Sicherheitsbestimmungen, über die man sich als Veranstalter informieren muss und die durch die Teilnehmer der Veranstaltung zu beachten sind.

Dies gilt unabhängig davon, ob wir für eine Veranstaltung externe Räume nutzen und anmieten oder Räume des Unternehmens nutzen und reservieren.

Besonders zu beachten sind Sicherheitsaspekte dort, wo wir für die Veranstaltung, Räume nutzen, die betrieblichen Abläufen, insbesondere der Fertigung, dienen. Neben Gefahren für die Besucher durch Maschinen und Materialien, bewegte Teile und Transportvorgänge, ist auch die Sicherheit der unternehmenseigenen Gegenstände und Informationen zu beachten.

Für eine Veranstaltung kann dies in folgender Hinsicht relevant werden, bei der Nutzung von Räumen für die Veranstaltung, der Nutzung von Räumen oder Gebäudeteilen als Wege und bei Betriebsführungen (Tab. 2.3).

Die Einhaltung der Regeln muss umgesetzt werden, gegebenenfalls sind Ausnahmen z. B. vom Betretungsverbot von einer übergeordneten Stelle einzuholen. In Zeiten von Smartphones ist zu überlegen, ob ein

Tab. 2.3 Sicherheitsaspekte für Veranstaltungen in betrieblichen Räumen

Bereich	Sicherheitsrelevant	Beispiel und Konsequenzen
Gesamtes Betriebsgelände	Verantwortung	Einweisung, Begleitung
Gesamtes Betriebsgelände oder Teile und Wege	Unfallgefahr	Allgemeine Vorschriften (z. B. Helmpflicht, Lärmschutz, Sicherheitsschuhe, Markierungen)
Gesamtes Betriebsgelände oder Teile, Lagerflächen	Sicherheit	Allgemeine und gästespezifische Vorschriften (z. B. Fotografierverbot)
Fertigung (Produktion, Montage, …) Lager	Unfallgefahr: Unfallverhütung, Gesundheitsschutz	Gefahrenhinweise, Schutzmaßnahmen
Transportwege	Unfallgefahr, insbesondere durch autonome Fahrzeuge	Gefahrenhinweise
Produktion, Lager	Hygiene	Schutzmaßnahmen, Verhaltensvorschriften
Entwicklung, Labor, Fertigung, Lager	Spionage, Ausspähung	Spezielle Vorschriften beachten (Betretungsverbot, Fotografierverbot)
Fertigung, Lager, Büro	Diebstahl, Sabotage	Vorschriften beachten, Aufsicht

eventuelles Verbot von Bild- und Tonaufnahmen durch Information, Überwachung oder durch ein Verbot des Mitführens umgesetzt werden muss.

Wenn Sicherheits- oder Hygienemaßnahmen notwendig sind, können diese auch zu einem Teil des Erlebnisses werden und dadurch einerseits bewusstgemacht und andererseits als Erinnerung bewahrt werden (z. B. Foto in Schutzkleidung).

Ein Teil des Aspekts Sicherheit ist in Gesetzen, Verordnungen und Normen geregelt (Abschn. 1.5.3).

2.1.5 Hinweise

Wird die Sicherheit erst am Schluss berücksichtigt, kann sie zum Killer-Kriterium werden und die Verantwortlichen vor harte Entscheidungen stellen. Daher hilft es, vorausdenkend zu planen.
Dabei helfen Checklisten. Bei der Beurteilung von Zielen, Problemen und Maßnahmen kann man sich an aus dem Qualitätsmanagement bekannten Methoden wie der Gefährdungsanalyse, Risikomanagement, FMEA (Failure Mode Effect Analysis), HACCP (Hazard Analysis and Critical Control Point) orientieren (Tab. 2.4).
Die wichtigsten Aspekte sind in der Spalte Sicherheit der SEDM (Abschn. 4.3) aufgenommen.

Wichtige Hinweise für eine sichere Veranstaltung

- Risikoaspekte von Anfang an betrachten
- Risikoanalyse und Risikomanagement in einem kompetenten Team
- Risiken aus Sicht der Participant Journey mehrerer Personas beurteilen
- Im Bedarfsfall rechtzeitiger und offener Kontakt mit Behörden und der Polizei
- Risiken und risikobezogene Entscheidungen kommunizieren und dokumentieren

Tab. 2.4 Exemplarische Beurteilungsmatrix

Bereich	Ort / Prozessschritt	Problem	Maßnahme	Erfüllungsgrad
Unfallschutz	Wege	Durchgangshöhe	Warnhinweis	Ok
	…			
Hygiene	Catering	Infektion	Spuckschutz	Großteils
	Einlass			
	…			
…				

2.2 Stabil und Gut – Ergebnis und Erlebnis

„Qualität ist, wenn der Kunde zurückkommt und nicht das Produkt" – dieser Spruch aus dem Qualitätsmanagement drückt die beiden wesentlichen Aspekte von Qualität aus, die wir auf das Thema Veranstaltung übertragen können:

- Fehlerfreiheit – die objektive Abwesenheit von Fehlern aller Art. Fehler sind Produkteigenschaften, die eine Erfüllung der von Kunden gewünschten oder geforderten Funktionen verhindern. Im Allgemeinen bedeuten Fehler die Abweichung der Produktfunktionen/Produkteigenschaften von den vom Kunden gewünschten/geforderten Funktionen/Eigenschaften (non compliance = nichtkonform). Fehlerfreiheit bedeutet nicht nur, dass keine Unfälle passieren (Abschn. 2.1), sondern dass alles reibungslos verläuft und dass die Veranstaltung die Ziele erfüllt.
- Kundenzufriedenheit – das subjektive Gefühl des Kunden, dass das Produkt die von ihm gewünschten Eigenschaften und Funktionen hat. Die Zufriedenheit der Kunden umfasst mehr, als dass die Teilnehmer mit dem Verlauf und Ergebnis der Veranstaltung zufrieden sind. Es geht auch um die Erreichung der eigentlichen Eventziele und die Zufriedenheit aller Stakeholder.

Ein wichtiger Aspekt von Events ist beispielsweise, dass sie einen „nachhaltigen" (im Sinne des lange nachwirkenden) Eindruck bei den Teilnehmern hinterlassen. Dies hat mit Nachhaltigkeit (Abschn. 2.3) im Sinne der nachhaltigen Entwicklung nichts zu tun, sondern bezieht sich auf die Wirkung des Events bei den Teilnehmern. „Ich erinnere mich an keine Veranstaltung, die nicht auch ein Event gewesen wäre – alle anderen habe ich vergessen" (Holzbaur et al., 2002). Diesen Eindruck zu erzielen, ist das Kerngeschäft des Eventmanagers.

Bei Meetings beruht die langfristige Wirkung auf zwei Faktoren (Tab. 2.5): Zum einen der Wirkung auf die Teilnehmer und die Entscheidungen, die diese in und durch das Meeting treffen. Und zum

Tab. 2.5 Wirkung von Veranstaltungen

Zeitfenster	Meeting	Event
Vor der Veranstaltung	Vorbereitung, Info-Material	Einstimmung durch Infos bei Einladung
Während der Veranstaltung	Beiträge, Abstimmung	Erlebnis, Kontakte, Aktionen
Teilnehmer nach der Veranstaltung	Action Items (Übernahme von Aufgaben) Erkenntnisse und Einstellung	Veränderte Einstellung Weiterentwicklung
Wirkung durch Dritte nach der Veranstaltung	Umsetzung gefasster Beschlüsse und verabschiedete Dokumente	Nachwirkung (Impact) auf das berufliche und ggfs. auch private Leben

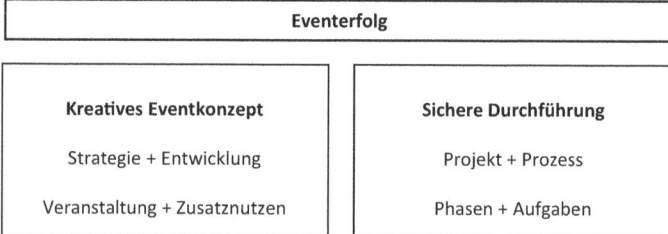

Abb. 2.2 Erlebnis und Erfolg: Event aus Besucher- und Veranstaltersicht

anderen auf den im Meeting gefassten Beschlüssen, die durch Dritte umgesetzt werden.

Obwohl die Aspekte Ergebnis und Erlebnis beide Veranstaltungsarten betreffen, werden wir das Ergebnis am Thema Meeting und das Erlebnis am Thema Event betrachten, um Redundanzen zu vermeiden (Abb. 2.2).

2.2.1 Stabil

Der Begriff „stabil" bedeutet, dass die Veranstaltung als Projekt gut geplant und zielführend organisiert ist. Der Kern dieser Stabilität ist das Projektmanagement. Die Planung einer Veranstaltung ist im wesentlichen Projektmanagement mit folgenden Ergänzungen (Holzbaur et al., 2002):

- Das Ergebnis der Bemühungen ist die Veranstaltung selbst und diese kann weder verschoben noch nachgebessert werden („vorbei ist vorbei").
- Das Ergebnis ist einmalig („das gibt's nur einmal, das kommt nicht wieder") und der Erfolg ist von der subjektiven Wahrnehmung der Teilnehmer anhängig („stell dir vor, es ist ein Event und keiner merkt's").
- Das Ergebnis kann nicht konserviert oder auf Lager gelegt werden. Wenn zu wenige Teilnehmende kommen, verfehlt das Ergebnis seine Wirkung („stell dir vor, es gibt ein Event und keiner geht hin").
- Die Vorbereitung ist im Vergleich zum Ereignis umfangreicher, sowohl im Hinblick auf die Zeitdauer als auch im Hinblick auf den Aufwand („mit dem Startschuss ist das meiste gelaufen").

Deshalb verweisen wir für diese Aspekte deutlich auf den Abschn. 2.5 Projektmanagement.

2.2.2 Ergebnisorientiert – Erfolgreiche Meetings

Um Ergebnisse zu erreichen, bedarf es einer guten Vorbereitung. Wir konzentrieren uns hier auf den Bereich der Meetings.

Meetings erfolgreich durchführen Man kann dasselbe Ergebnis in einem zähen Meeting in einem halben Tag oder in einem gut vorbereiteten Meeting in einer Stunde erreichen. Damit ist nicht gemeint, die Teilnehmer zu „überfahren", sondern durch eine gute Vorbereitung für eine effiziente Nutzung der Zeit aller Teilnehmer zu sorgen.

Dies erfordert aber zwei wichtige Aspekte der Unternehmenskultur:
Eine Besprechungskultur: Vor (Vorbereitung, Rückmeldung, rechtzeitiges Einbringen der Einwände, Anmeldung/Entschuldigung), während (Pünktlichkeit, Disziplin, Wertschätzung,

Ergebnisorientierung) und nach (Protokoll, Kommunikation, Action Items) der Besprechung müssen Regeln gesetzt und eingehalten werden.

Und eine Ressourcenkultur: Die Vorbereitung eines Meetings spart für alle Bereiche wertvolle Zeit, fordert aber Zeit für die Vorbereitung. Und in der Realität sieht es doch eher so aus, dass Führungskräfte von Meeting zu Meeting gehen, die Unterlagen werden vor Ort ausgeteilt bzw. kurz vorher online zur Verfügung gestellt, Infos werden präsentiert und dann diskutiert. Dass solche Meetings im Hinblick auf Ressourcen-Effizienz nicht optimal geplant sind, steht außer Frage.

2.2.3 Erlebnisorientiert – Erfolgreiche Events

Erlebnis ist nicht nur das „Sahnehäubchen", sondern ein wichtiger Erfolgsfaktor. Wichtige Möglichkeiten und Maßnahmen zur Schaffung von Erlebnis und Erinnerungswert sind:

- Einen Erinnerungswert schaffen
- Positive Einstellung der Teilnehmer fördern
- Aktivierung und Motivation der Teilnehmer
- Zusatznutzen und Effekte für die Teilnehmer generieren
- Planen und Inszenieren
- Eine Vielfalt (qualitativ) von Ereignissen, Medien und Wahrnehmungen integrieren
- Verbindung von Eindrücken und Symbolik
- Event aus Sicht des Teilnehmers betrachten (Participant's journey)

Die Wechselwirkung zwischen der positiven Einstellung und der Aktivität der Teilnehmer wird in Abb. 2.3 visualisiert.

2.2.4 Effizienz

Die Effizienz einer Veranstaltungsorganisation zeigt sich im Verhältnis von Ergebnis (Nutzen) und Aufwand (Ressourcenverbrauch). Sie ist eine wesentliche Kenngröße, die nicht nur im betriebswirtschaftlichen Kontext (ROI), sondern auch als eine der Nachhaltigkeitsstrategien eine

2 Eigenschaften effizienter nachhaltiger Veranstaltungen

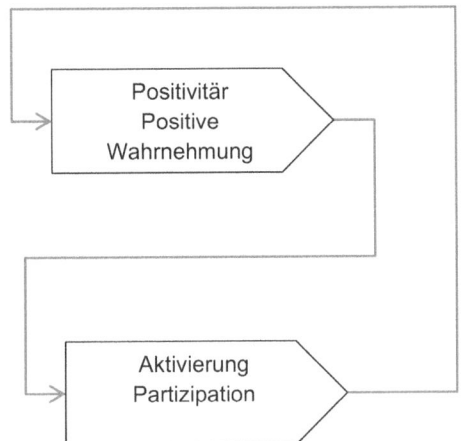

Abb. 2.3 Aktivierung und positive Wahrnehmung

wichtige Rolle spielt. Theoretisch kann man das mit einer Kennzahl belegen, wenn man Nutzen und Aufwand monetarisiert. In der Praxis ist eine qualitative Umsetzung des Konzepts wichtiger.

Effizienz bedeutet, dass wir ein maximales Verhältnis (Quotient) zwischen Nutzen und Aufwand haben. Andere Kriterien wie der maximale Nutzen bei vorgegebenem Aufwand, der minimale Aufwand bei vorgegebenem Nutzen (Ziel) oder ein maximaler Gewinn (Differenz zwischen Nutzen und Aufwand) können ebenso sinnvoll sein.

Generell müssen wir anstreben, den Aufwand gering zu halten, also beispielsweise Verschwendung aller Art zu vermeiden, und den Erfolg durch entsprechende Maßnahmen groß zu machen.

> **Effizienz**
>
> Häufig können kleine Mehraufwände wie ein gestuftes Nachfassen (z. B. bei Einladungen) oder zusätzliche Dienstleistungen den Erfolg deutlich steigern.
>
> Häufig tragen „tolle" Zusatzangebote nur zu einer kleinen Verbesserung des Erfolgs bei, haben aber hohe Kosten und Personalaufwände.
>
> Das Monitoring von Anmeldungen und Anfragen kann die Verschwendung durch Fehlkalkulationen reduzieren.

> Allerdings kann auch der Zeitverlust durch ständige Nachfragen dokumentiert werden. Nicht selten vergeuden Veranstaltungsorganisatoren viel Zeit, weil Teilnehmerinnen und Teilnehmer bei der Registrierung nicht rechtzeitig antworten.

2.3 Nachhaltig – zukunftsorientiert

2.3.1 Nachhaltigkeit als Komponente von Veranstaltungen

Business-Meetings und -Events sind dann erfolgreich, wenn sie einen bleibenden Eindruck hinterlassen. Erfolgreich sind sie, wenn sie nicht nur erlebnisreich, sondern auch nachhaltig – mit Blick auf die Agenda 2030 – gestaltet werden.

Zur Definition der Nachhaltigkeit (Brundtland-Definition) siehe Abschn. 1.5.4.

Nachhaltig ist eine Veranstaltung, wenn sie dazu beiträgt, unsere menschliche Kultur auf der Erde zu erhalten. Das bedeutet, dass wir mit den natürlichen und kulturellen Ressourcen schonend umgehen. Dies umfasst die ökologische, soziale und ökonomische Dimension. Wir erreichen dies, indem wir einen Beitrag zur Agenda 2030 leisten, darüber hinaus über unsere Bemühungen reflektieren, kommunizieren und so andere motivieren, es uns gleich zu tun. Wir schaffen damit jenes Bewusstsein für nachhaltige Aspekte (sustainable awareness), welches bei den Beteiligten wie Teilnehmenden für ein neues Bewusstsein sorgt. Wer einmal auf einer nachhaltig ausgerichteten Veranstaltung war, wird zukünftig andere Veranstaltungen daran messen.

Die Nachhaltigkeitswirkung von Events kann durch entsprechende Planung erreicht werden. Am wichtigsten sind die strategische Planung und die Zielsetzung im Vorfeld. In den einzelnen Eventphasen wird die Nachhaltigkeit in der Beschaffung, Logistik, durch den Energie- und Ressourcenverbrauch sowie die Umweltbelastungen beim Event und bei Auf- und Abbau beeinflusst. Aber auch die soziale, lokale und globale wirtschaftliche Wirkung von Events und der Einfluss auf Kultur und

Bildung müssen geplant werden. Durch die Kommunikation erreicht das Event einen Bildungseffekt weit über den Kreis der Besucher hinaus.

2.3.2 Nachhaltigkeitsbewusst und nachhaltigkeitsfördernd

Eine erste Stufe der Nachhaltigkeit sind „Green Events", die den Klimaschutz und Umweltschutz defensiv berücksichtigen. Das sind wichtige Faktoren, die wir als Ziele auf jeden Fall im Auge behalten müssen. Genauso sind andere Faktoren wie die Inklusion im weitesten Sinne als Ziele von Veranstaltungen festzumachen.

> **Nachhaltigkeit bei Events**
>
> **Green Meetings und Events**
> Green Meeting und Events minimieren defensiv lediglich den CO_2-Fußabdruck (ggf. auch nur die Klimawirkung) von Veranstaltungen.
>
> **Nachhaltige Veranstaltungen**
> Nachhaltige Events optimieren proaktiv die Nachhaltigkeitswirkung von Events durch eine ganzheitliche Sicht auf Fuß- und Handabdruck (insbesondere Bildung für nachhaltige Entwicklung).

Genauso wichtig ist es aber, die Rolle von Veranstaltungen als ein (möglicherweise virtueller) Ort der Begegnung und der Kommunikation für die nachhaltige Entwicklung zu nutzen.

Die Nachhaltigkeitsziele (SDGs) als Ausgangsbasis Die Nachhaltigkeitsziele der UN, Sustainable Development Goals (SDGs Abschn. 1.5.4), bilden eine Grundlage für Nachhaltigkeit im Sinne der Agenda 2030 und können Leitbilder für Veranstaltungen sein. Jede Zielsetzung der SDGs enthält weitere Einzelziele, die Anregungen zu nachhaltigem Handeln bieten. In allen Handlungsfeldern ist es wichtig, nicht nur lokal, sondern auch global zu denken und die Vielfalt der 169 Einzelziele zur berücksichtigen. Wir betrachten in Tab. 2.6 exemplarisch einige SDGs mit Blick auf unsere Meetings und Events:

Bei der Beurteilung von Zielen, Problemen und Maßnahmen kann man sich dabei an aus dem Event- und Qualitätsmanagement bekannten Methoden wie der Gefährdungsanalyse, Risikomanagement, FMEA (Failure Mode Effect Analysis), HACCP (Hazard Analysis and Critical Control Point) orientieren.

2.3.3 Prozess der nachhaltigen Veranstaltung

Viele Leitfäden und insbesondere die ISO 20121 sind so allgemein formuliert, dass sie auf alle Veranstaltungsarten anwendbar sind. Viele Nachhaltigkeitskriterien wie die SDG sind weit von den Komponenten von Veranstaltungen entfernt. Dies wirkt alles sehr abstrakt. Die Herausforderung besteht darin, die Vorgaben und Anweisungen in der Wertschöpfungskette der eigenen Veranstaltung anzuwenden, sie zu untersuchen, zu bewerten, zu messen und zu überwachen.

Zunächst müssen sich Organisatoren und Veranstalter einigen, ob sie eine nachhaltige Entwicklung ihres Business-Meetings oder -Events fördern wollen. Dann gilt es, die interessierten Kreise einzubinden. Es

Tab. 2.6 Exemplarische lokale und globale Wirkung von SDG-bezogenen Maßnahmen

SDG	Lokale Wirkung	Globale Wirkung	Veranstaltungs- organisation Handlungsziel – Maßnahme
SDG 13	Klimaanpassung	Klimawandel	Energieeinsparung
SDG 14	Konsum (Fisch, Plastik)	Schutz der Ozeane	Catering, Verpackung
SDG 2	Gesunde Landwirtschaft	Hunger	Catering SERVUSS (▶ Abschn. 6.5.4)
SDG 4	Bildung für nachhaltige Entwicklung	Bildung für Alle	Bildung für nachhaltige Entwicklung = Sustainable Awareness
SDG 16	Korruptionsbekämpfung	Demokratie, Frieden	Compliance, Demokratiebildung

versteht sich von selbst, dass die Mitwirkenden und Lieferanten, z. B. der Copy-Shop, der Printmaterialien liefert, oder die Bäckerei für das Sandwich-Lunch in den Prozess eingebunden werden müssen. Dies geschieht meist in mehreren Stufen. In einem Prozess über einen oder mehrere Workshops gelingt es, nachhaltige Entwicklung in der Wertschöpfungskette der Veranstaltung anzustoßen.

Operativ und strategisch Die ISO-Norm 20121 benennt Kernthemen und Handlungsfelder, die anhand der ökologischen, wirtschaftlichen und sozialen Säulen (Holzbaur, U. 2020) analysiert werden können. Veranstaltungsorganisatoren fällt es naturgemäß einfacher, der Veranstaltungsstruktur folgend Zielsetzungen und Einzelziele abzuleiten.

Offenkundig sind die verschiedenen **operativen Handlungsfelder,** weil event-immanent, wie zum Beispiel Teilnehmermanagement, Veranstaltungsort, Unterkunft, Transport und Mobilität, Catering, Veranstaltungstechnik, Druckmaterialien. Auch Management und Administration, Marketing und Kommunikation, Beschaffung und Einkauf zählen hierzu, sie haben eine lenkende bzw. unterstützende Funktion. In diesen Funktionsbereichen sind ebenfalls Zielsetzungen zu identifizieren, wie zum Beispiel eine schlanke Veranstaltungsorganisation, Kontrolle der Vertragsrichtlinien, Richtlinien zur Vermeidung von Bestechung und Korruption, Mitarbeiterschulung, Auswahl der Materialien, Kontrolle der Wirtschaftsleistung in Bezug auf Nachhaltigkeit, interne und externe Kommunikation. Zusammen bilden alle diese Felder den Bereich, in dem die Veranstaltungsorganisation aktiv wird.

> Daher bilden diese **operativen Handlungsfelder** zusammengefasst den **Aktionsbereich** (action area) des Veranstaltungsmanagements.

Weitere Handlungsfelder erschließen sich erst auf den zweiten Blick. Sie erstrecken sich über den Aktionsbereich, und sind, zum Teil indirekt, in vielen operativen Handlungsfeldern erfahrbar aufgrund ihrer **Wirkung auf die Veranstaltung.** Es handelt sich um **indirekte Handlungsfelder** wie Energie, Emissionsreduzierung, Abfallvermeidung oder Lärm, Arbeitsrichtlinien, fairer Handel, Barrierefreiheit oder Inklusion.

Action-Impact-Matrix (AIM) Die Abb. 2.4 zeigt die sogenannte **Action-Impact-Matrix**. Mit ihrer Hilfe ermitteln wir Handlungsfelder in den Aktionsbereichen und Wirkungskategorien einer Veranstaltung. Die Leitfragen in der Abbildung helfen dabei.

Aus der Matrix leiten Sie von den Aktionsbereichen und den Wirkungskategorien ausgehend die gewünschten Handlungsfelder ab. Anhand der Handlungsfelder formulieren Sie Zielsetzungen und Einzelziele. Gemäß der Formel SMART müssen Ziele messbar sein. Hierin liegt ein Problem: Nachhaltigkeitsziele lassen sich nicht immer als direkt messbare Ziele erfassen, insbesondere dann nicht, wenn es sich um Wirkungen handelt. Daher greift man bei der Bewertung auf sogenannte Indikatoren zurück (siehe WBCSD (2021)). Das Wirkungsmodell ermöglicht es den Input, Output, Outcome und Impact der Maßnahmen zur Bildung nachhaltiger Entwicklung zu bewerten. Das Verfahren zur Auswahl und Bewertung von Handlungsfeldern stellt den Ausgangspunkt dar, bei dem sich Organisatoren einer Veranstaltung sowie alle Mitwirkende grundsätzlich über Zielsetzungen und Ziele sowie Indikatoren verständigen. Die Abb. 2.5 stellt den Prozess dar.

2.3.4 Nachhaltigkeit messen – die Ökobilanz

Zur Bewertung der Nachhaltigkeitswirkung müssen wir zwei Aspekte betrachten:

- Die negativen Einflüsse (footprint) auf die Nachhaltigkeit, insbesondere den ökologischen Fußabdruck. Als einfaches Beispiel betrachten wir im Folgenden die Auswirkungen auf den Klimawandel, repräsentiert durch die Verursachung von Treibhausgasen bzw. CO_2-Äquivalenten, abgekürzt als CO_2-Fußabdruck (carbon footprint) bezeichnet.

2 Eigenschaften effizienter nachhaltiger Veranstaltungen

	Aktionsbereiche										
Wirkungskategorien umweltbezogen – gesellschaftlich – wirtschaftlich		Veranstaltungsort / Location	Unterkunft	Teilnehmer	Mobilität Transport	Catering	Veranstaltungs- technik / Logistik	Management & Administration	Einkauf & Beschaffung	Marketing Kommunikation	Events / Action
Handlungsfelder ermitteln Zielsetzungen festlegen Einzelziele definieren	Klimaschutz Energie										
	Ressourcen: Nutzbarmachung, Erhaltung, Wahl der Materialien;										
	Kreislaufwirtschaft Müll										
	Artenvielfalt Naturschutz										
	Freisetzungen Boden, Luft, Wasser										
	Arbeitsrichtlinien, Gesundheit, Sicherheit										
	Bürgerliche Rechte, soziale Ge- rechtigkeit, örtliches Gemeinwesen										
	Barrierefreiheit Inklusion (sozial)										
	Unternehmenswerte										
	Fairer Handel Regionale Wirtschaft										
	Direkte, indirekte wirtschaftliche Auswirkungen										
	Wirtschaftsleistung Marktkapazitäten										
	Innovationen Risiko, Anlagenrenditen										

Abb. 2.4 Action-Impact-Matrix (AIM)

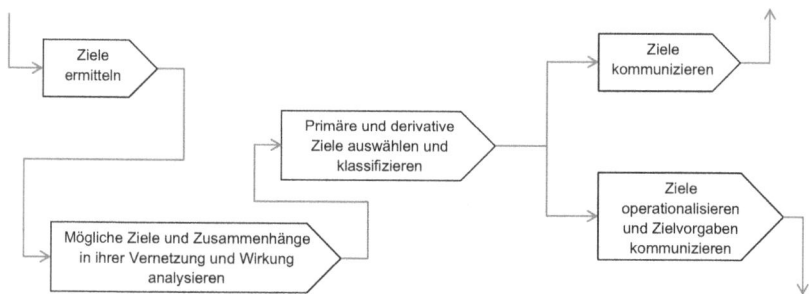

Abb. 2.5 Zieldefinitionsprozess

- Die positiven Einflüsse (handprint) durch konkrete Aktionen und vor allem durch Information, Motivation und Bildung und durch die Wirkung auf Politik und Öffentlichkeit.

Ökobilanz Eine Ökobilanz umfasst alle Auswirkungen eines Bilanzobjekts auf die Umwelt. Die Erstellung und Bewertung von Ökobilanzen sind in der DIN ISO 14040 geregelt.

Dabei kann das Bilanzobjekt ein Prozess (z. B. Produktion, Montage, Transport), ein Produkt oder eine Dienstleistung (also auch eine Veranstaltung), eine Organisation oder ein Betrieb sein. Bei Produkten können wir die Fertigungsbilanz erweitern zur Lebenszyklusbilanz (Life Cycle Assessment, LCA), welche die Nutzungsphase (cradle to grave) oder den gesamten Lebenszyklus (cradle to cradle) umfasst. Man kann eine Ökobilanz auch als vergleichende Bilanz zwischen zwei Bilanzobjekten derselben Kategorie (also z. B. zwei Veranstaltungen) anlegen.

Die Ökobilanz muss eine klare Zielsetzung und Abgrenzung im Leistungsumfang (scope) haben. Die Auswirkungen werden zunächst in einer Sachbilanz (mengenmäßige Erfassung: kg und kJ) erfasst und in der Wirkungsbilanz werden die Auswirkungen (Biodiversität, Umweltverschmutzung, Klima, Ressourcenverbrauch, …) mit Hilfe spezieller Datenbanken berechnet. Der einfachste Fall ist der des Klimarechners. Für Veranstaltungsorganisatoren ist die Verwendung solcher CO_2-Rechner leicht anwendbar, weil die Emissionen in den operativen

Handlungsfeldern erfasst werden. In der Bilanzbewertung werden die unterschiedlichen Wirkungen mittels normativer Bewertungen berücksichtigt.

Die vergleichende Sachbilanz zweier alternativer Umsetzungen einer Veranstaltung umfasst alle induzierten Ressourcenverbräuche und Emissionen. Die Bilanzbewertung berechnet die Auswirkungen (Klima, Umwelt, Biodiversität, Ressourcen). Die Bilanzbewertung muss beispielsweise zwischen lokalen (Wasserverschmutzung, Lärm, Flächenversiegelung) und globalen (Klimawirkung, Überfischung, Wirkungen in der Lieferkette) Auswirkungen abwägen.

> **Ökobilanz von Veranstaltungen**
>
> Die Führungskräftetagung kann durch die Verlegung auf ein ökologisch ausgerichtetes Gut die lokale Wirtschaft fördern, erzeugt aber zusätzlichen Individualverkehr.
>
> Die positive Wirkung eines mit einer Pflanzaktion verbundenen Workshops zur nachhaltigen Entwicklung (Handabdruck) muss abgewogen werden gegen den Ressourcenverbrauch und die Emissionen (Fußabdruck).

Ökologischer Fußabdruck einer Veranstaltung Mit der CO_2-Bilanz (carbon footprint) kann die Klimawirkung erfasst werden. Sie dient als Grundlage für eine mögliche Kompensation. Bei der Bilanzierung einer Veranstaltung mit einem Eventrechner werden alle relevanten Emissionen einer Veranstaltung erfasst. Input und Output der bei Planung, Durchführung und Nachbereitung einer Veranstaltung genutzten Produkte werden systematisch gelistet.

Wie in einer Buchhaltung werden Umweltwirkungen die Auswirkungen auf die Umwelt analysiert. Wir sprechen dabei auch vom Lebenszyklusansatz einer Veranstaltung, dem „Life Cycle Assessment" (LCA). Berücksichtigt werden üblicherweise folgende Kategorien:

- Energie- und Kälteverbrauch
- Wasserverbrauch

- Drucksachen und Verbrauchsmaterialien inkl. Produktion und Anlieferung
- Werbegeschenke/Give-Aways
- Entsorgung und Recycling
- Mobilität: Anreise der Teilnehmenden und Gäste, sowie Mobilität der Veranstalter
- Verpflegung (Mahlzeiten und Getränke) während des Events
- Übernachtungen der Teilnehmer und Gäste sowie der Veranstalter
- weitere Aktivitäten, abhängig von der Veranstaltung

Je nach Umfang kann ein solcher Rechner an die spezifischen Bedürfnisse des Unternehmens angepasst werden. Die Umweltbilanz, auch Ökobilanz genannt, stellt eine Bestandsaufnahme aller erhobenen Mengen dar, welche aufgrund der Messgrößen festgelegt worden sind.

Wer sich seines ökologischen Fußabdrucks bewusst ist, bemüht sich in der Regel um Verbesserung. Ein Benchmark mit ähnlichen Veranstaltungen bzw. Anbietern motiviert zusätzlich, weiteres Potenzial zur Vermeidung oder Reduzierung von Emissionen zu entdecken.

Handabdruck: Wie wirken wir? Im Gegensatz zum Fußabdruck misst der Handabdruck das positive Wirken im Sinne der nachhaltigen Entwicklung.

2.3.5 Nachhaltige Veranstaltungen umsetzen

Auf die Umsetzung nachhaltiger Veranstaltungen gehen wir in Abschn. 5.6 detailliert ein.

Hinderungsgründe Eines der größten Hindernisse besteht in der mangelnden Bereitschaft oder auch fehlenden Kenntnis, sich für nachhaltige Veranstaltungen zu engagieren, und zwar aufseiten des Managements, der Mitwirkenden, der Organisatoren und der Teilnehmenden. Auch wenn die SDGs und die Agenda 2030 inzwischen sehr oft kommuniziert worden sind, fehlt erstaunlicherweise in vielen Unternehmen das Bewusstsein für die Nachhaltigkeit bei den eigenen Business-Meetings und -Events. Ein wichtiger Schlüssel zur Entwicklung sind Kommunikation und Bildung. Sie tragen dazu bei, nachhaltiges Bewusstsein/Gewahrsein (=sustainable awareness) zu fördern.

Ein anderer Grund liegt in einem Mangel an systemischem Denken und Handeln. Job-Rollen sind in vielen Unternehmen fachspezifisch ausgelegt. Personalabteilungen wählen Mitarbeitende nach Qualifikationsschemata aus. Umweltbeauftragte sind per se nicht Fachleute für Veranstaltungsorganisation. Eventorganisatoren haben von Haus aus keine Ausbildung in Nachhaltigkeit erfahren. Für viele Führungskräfte ist Nachhaltigkeit bei Veranstaltungen immer noch ein zu vernachlässigendes „Add-on". Dabei wäre gerade eine Schlüsselqualifikation nachhaltiges Bewusstsein, welche es durch spezielle Trainings zu fördern gilt.

Anfragen und Weitermachen Nachhaltigkeit ist keine binäre 0–1-Größe. Jedes Unternehmen hat in bestimmten Bereichen Nachhaltigkeitsansätze und kein Unternehmen ist perfekt.

1. Bereits Erreichtes dokumentieren
2. „Quick wins" durch „Low hanging fruits" (schnelle Erfolge durch einfach erreichbare Erfolge) identifizieren, umsetzen und kommunizieren
3. Synergien nutzen
4. Erfolge kommunizieren (die interne Kommunikation nicht vergessen)
5. Kontinuierliche Verbesserung und strategische Verankerung anstreben

> **Umweltfreundlichkeit durch Information**
> Eine Eventorganisatorin motivierte ihre Kolleginnen und Kollegen, zum nächsten Führungskräftetreffen anstelle des Taxis den öffentlichen Nahverkehr zu nutzen. Sie schickte ihnen eine Übersicht der ökonomischen und ökologischen Auswirkungen bei Nutzung verschiedener Verkehrsmittel vorab zu und informierte sie, wie sie zu einer nachhaltigen Veranstaltung beitragen könnten. Die Fahrt mit dem Taxi hatte einen wesentlich höheren CO_2- und Energieverbrauch; außerdem würde sie fast dreimal so viel kosten, dies angesichts einer Zeitersparnis von nur 12 bis 15 min.

2.4 Wie kann ich sehen, ob ich erfolgreich war?

Erfolgskontrolle bei Veranstaltungen beginnt meistens mit der generellen Frage: „Wie war`s?" Der erste Eindruck, wenn die Teilnehmenden kommen und gehen, das Gefühl für eine gelungene Veranstaltung ist wichtig, reicht aber für die Erfolgsmessung nicht aus. Mit dem kontinuierlichen Verbesserungsprozess (KVP) kontrollieren wir alle Aspekte der Veranstaltungen.

2.4.1 Messen des Ergebnisses von Veranstaltung und Planung

Die Erreichung von originären Zielen wie Verständnis, Motivation, Konsens, Image oder Verhaltensänderungen sind langfristig und nur schwer messbar. Derivative Ziele wie die Besucherbeurteilung oder numerische Ziele wie Teilnehmerzahlen sind nur Indikatoren für die Zielerreichung.

„Glauben Sie, dass… „

Wie bereits beim Thema Sicherheit in Abschn. 2.1 erwähnt, sollte auch der Erfolg nicht nur als ein binäres Kriterium (0/1: gut/schlecht gelaufen) betrachtet werden, sondern im Sinne eines kontinuierlichen Verbesserungsprozesses auch Schwachstellen und Verbesserungspotenziale identifizieren. Neben den erkannten Schwachstellen sind

Situationen wichtig, in denen etwas positiv gewirkt hat, und die wir für spätere Veranstaltungen reproduzieren können.

1. Teilnehmer-Zahl ist nicht alles
2. Teilnehmer-Zufriedenheit ist nur ein Indikator
3. Messen Sie die Anzahl der sogenannten „Oops-Momente" (Abschn. 2.4.4)

2.4.2 Kriterien klassischer Veranstaltungsplanung

Zunächst sind es die Eigenschaften der klassischen Veranstaltungsorganisation, welche eine **erfolgreiche Veranstaltung** kennzeichnen:

- Die Strategie, die im Grunde Zielsetzung sowie die Entscheidung für die Art und Weise des Vorgehens (Prozesse) und die Auswahl der Komponenten umfasst
- die Stabilität, die durch eine gelungene Projektorganisation erreicht wird, die durch das Projektteam, Mitwirkende und Lieferanten geleistet wurde,
- das Erlebnis, das die Teilnehmenden bewegt, anregt, motiviert oder begeistert und damit zum Erfolg führt,
- die Sicherheit, die notwendigerweise bei jeder Veranstaltung für Beteiligte gewährleistet werden muss.

Diese Eigenschaften bieten die Ausgangsbasis für eine umfassende Erfolgskontrolle, Teilnehmerstatistik und -zufriedenheit. Fragen nach Emotion, Informationsgehalt und Motivation sowie dem Image sind für die klassische Veranstaltungsorganisation wichtig. Im Hinblick auf die Unternehmensziele ist zu prüfen, ob sich im Nachhinein auch der gewünschte Erfolg oder eine gewünschte Aktion seitens der Teilnehmenden eingestellt hat.

2.4.3 Beurteilung des wirtschaftlichen Ertrags

Budget (Projektcontrolling) Betriebe haben strenge Vorgaben. Auch wenn Business-Meetings und -Events ohne genauere Vorgaben organisiert werden, spielt das Budget eine Rolle. Für eine Abteilung steht meist ein Betrag pro Jahr zur Verfügung. Herausragende, singuläre Events erhalten eigene Budgetvorgaben. Die Vorgaben müssen alle eingehalten werden, beim Finanzabschluss, zum Ende der Veranstaltung, ein Abgleich von Input und Output.

Return on Investment ROI Der Return on Investment stellt den Einsatz von Kapital dem Gewinn gegenüber. Er wird dann herangezogen, wenn man die Ausgaben zu dem Ergebnis, Output, und der Wirkung, Outcome, in Beziehung setzt. Bei Marketing-Events ist dies leicht nachvollziehbar. Die Kosten des Events werden mit der Anzahl der Besucher und der entstandenen Kontakte, sogenannten Leads, abgeglichen, und später dann mit den Verkaufszahlen in ein Verhältnis gesetzt. Diese Betrachtung ist nicht so einfach auf interne Meetings und Events übertragbar. Dennoch macht es Sinn, darüber nachzudenken, was die interne Veranstaltung gebracht hat. Spätestens bei einem Jahresgespräch kommt die Frage auf. Dann müssten Führungskräfte zeigen, dass auch ihre internen Meetings und Events zum unternehmerischen Erfolg beigetragen haben.

2.4.4 Beurteilung der Sicherheit

Ein Sicherheitskonzept zeigt seinen Erfolg nach Ablauf der Veranstaltung.

Trotz Sicherheitskonzept kann immer etwas passieren, aber dann muss sich der verantwortliche Organisator (bzw. später die Unternehmensleitung, Behörde oder Staatsanwaltschaft) die Fragen stellen: Wurde verantwortlich gehandelt? Wurden Risiken vorsätzlich, grob fahrlässig oder fahrlässig in Kauf genommen? Wer hat die relevanten Entscheidungen getroffen?

Sicherheit sollte nicht nur als ein binäres Kriterium (0/1: nichts/etwas passiert) betrachtet werden, sondern im Sinne eines kontinuierlichen Verbesserungsprozesses auch Schwachstellen und Verbesserungspotenziale identifizieren. Hier sind insbesondere die „Oops-Momente" interessant: Momente, in denen wir oder andere mitbekommen, dass etwas hätte passieren können, Beobachtungen einer Fast-Störung oder des Einschreitens einer Person. Solche Hinweise müssen wir sammeln, obwohl sie die Teilnehmer hoffentlich gar nicht wahrgenommen haben.

> **Oops-Momente**
>
> Der Referent oder ein VIP hatte bei der Anmeldung nur seine Büro-Telefonnummer angegeben und konnte so nicht über die notwendige Raumänderung informiert werden. Glücklicherweise hat er seine E-Mails während der Anreise mit der Bahn abgerufen.
> Da ein Teammitglied zufälligerweise im Personalrat ist, hat es noch rechtzeitig mitbekommen, dass die Geschäftsleitung für den geplanten Termin des Betriebsausflugs eine Mitarbeiterversammlung plant.

> Prävention ist immer zu viel – bis sie zu wenig war.

2.4.5 Beurteilung der Nachhaltigkeit

Beurteilungsbogen für die Nachhaltigkeit/Evaluation durch Sustainable Event Assessment (SEA) Einen ganzheitlichen Ansatz bietet die Betrachtung aus der Perspektive der Nachhaltigkeit, welche die ökologischen, gesellschaftlichen und wirtschaftlichen Auswirkungen einer Veranstaltung berücksichtigt. Aufgrund der Information bzw. Kommunikation wird damit auch ein Beitrag zur Bildung nachhaltiger Entwicklung bzw. „sustainable awareness" und somit auch zur Verbesserung des Unternehmensimages geleistet.

Bereits während der Planungsphase und auch im Laufe der Realisierungsphase kann ein Beurteilungsbogen dabei unterstützen, den Erfüllungsgrad bzw. den Zielerreichungsgrad abzuschätzen oder zu berechnen. Alle Ziele aus den Handlungsfeldern werden als Frage erfasst. Ziele, die sich in Zahlen oder Prozentwerten ausdrücken lassen, sowie alle anderen Fragen, bei denen nur eine qualitative Aussage, wie zum Beispiel „Anforderung erfüllt", „Anforderung teilweise erfüllt" oder „Anforderung nicht erfüllt ", möglich ist, werden erfasst. Der Erfüllungs- bzw. Zielerreichungsgrad wird mit einer Wertung versehen. Dadurch können notwendige Korrekturmaßnahmen unter Umständen noch rechtzeitig durchgeführt werden. Zum Abschluss der Veranstaltung erfolgt eine letzte Analyse.

Eventcontrolling Ein umfassendes Eventcontrolling erfasst neben den üblichen Fragen zur Teilnehmerzufriedenheit und der Einhaltung von Budgetvorgaben auch den Zielerreichungsgrad quantitativer und qualitativer Maßnahmen in Bezug auf Nachhaltigkeit. Hierzu gehören der ökologische Fußabdruck, bei dem die CO_2-Werte durch einen Eventrechner, auch CO_2-Rechner (carbon footprint) genannt, erfasst werden, und ergänzen das Sustainable Event Assessment, welches die Nachhaltigkeitsbemühungen dokumentiert und in ein Verhältnis setzt.

Beide Bewertungsinstrumente, CO_2-Rechner und Sustainable Event Assessment, liefern die Werte, um aufzuzeigen, in welchen Bereichen eine Veranstaltung nachhaltig organisiert wurde und wie erfolgreich diese Bemühungen waren. Was daraus folgt, ist eine Methodik zur Bereitstellung von Leistungskennzahlen, sogenannten Key Performance Indicators (KPI):

1. messbare Ergebnisse beim Verbrauch von Ressourcen (ökologische Dimension)
2. ggfs. direkte Kosteneinsparungen (ökonomische Dimension)
3. einen aktiven Beitrag zu nachhaltigem Handeln mit Vorbildcharakter (sozio-kulturelle Dimension)
4. ein besseres Image des Unternehmens bei den Teilnehmern einer Veranstaltung und in der Öffentlichkeit (sozio-kulturelle Dimension)
5. eine höhere gesellschaftliche Akzeptanz (sozio-kulturelle Dimension)

6. ein erhöhtes Engagement der Mitarbeiter, welche diese Bemühungen mittragen und in wachsendem Maße zu innovativem Handeln bereit sind (sozio-kulturelle Dimension)

> **Ihr Transfer in die Praxis**
> - Stellen Sie Ihre wichtigsten Veranstaltungen in einer Liste zusammen.
> - Prüfen Sie nach den Kriterien sicher, effizient und nachhaltig, wie ernst diese genommen werden und wie gut Sie (bzw. Ihre Organisation) darin in der Umsetzung sind.

Literatur

Hinweis: Für unsere Leser (mwd) haben wir Planungshilfen, z. B. Checklisten, erstellt. DieseVorlagen können und sollten Sie für Ihre jeweilige Veranstaltung anpassen. Sie finden diese aufunserer Website www.sustainable-event.management.

Hachtel, G. H., & U. (2009). *Management für Ingenieure*. Vieweg.

Holzbaur, U. (2016). *Events Nachhaltig gestalten*. Springer.

Holzbaur, U., Jettinger, E., Knauß, B., Moser, R., & Zeller M. (2002[1], 2010[4]). Eventmanagement, Springer.

3

Projektmanagement als Basis der Planung

> Projektmanagement ist der Kern der Veranstaltungsplanung

Erfolg ist 1% Inspiration und 99% Transpiration (Thomas Edison zugeschrieben)

> **Was Sie aus diesem Kapitel mitnehmen**
> - Die Bedeutung von Projektmanagement
> - Die wichtigsten Methoden zum Management von Projekten

Nachhaltiges Eventmanagement ist – um zwei plakative Zahlen zu verwenden – zu 90 % Eventmanagement und Eventmanagement ist zu 90 % Projektmanagement. Wenn Sie das gleiche Event regelmäßig veranstalten, wird aus dem Projektmanagement hoffentlich irgendwann ein Prozessmanagement, d. h. ein standardisiertes Vorgehen. Dazu dienen Vorlagen (Templates) und Checklisten.

Professionelle Events sind sehr stark arbeitsteilig und die Eventindustrie ist dabei sehr gut eingespielt. Der Veranstalter (mwd) eines

Rock-Konzerts muss weder gut Gitarre spielen können noch den Aufbau der Ton-Technik beherrschen. Er muss die einzelnen Projektteile und Gewerke überblicken, koordinieren und beherrschen. Dagegen müssen wir bei Veranstaltungen im Unternehmen häufig alle Teile selbst organisieren. Deshalb spielt das Projektmanagement als Methode eine wichtige Rolle. Für eine ausführliche Darstellung verweisen wir auf Hachtel und Holzbaur (2009).

3.1 Projekt und Management

Im Folgenden sollen lediglich die wichtigsten Grundlagen des Projektmanagements grob skizziert werden. Über das (operative) Projektmanagement zur Abwicklung eines einzelnen Projekts hinaus betrachten wir das strategische Projektmanagement zur Umsetzung von Projektmanagement in der Organisation.

Projektmanagement: Begriffe

Projekt
Ein einzelnes Projekt ist durch die Eigenschaften „abgeschlossen" (wohldefiniert) und „einmalig" (keine Routine) charakterisiert. Ausführlich sind es die Kriterien:

- Zielvorgaben mit Kriterien
- Zeitliche Vorgaben (Termin) für das Erreichen der Ziele
- Ressourcen, die für das Projekt zur Verfügung stehen
- Abgrenzung gegen andere Vorhaben (Scope)
- Projektspezifische Organisation, die von der zeitlichen Abwicklung und Aufgabenzuordnung von den Routineaufgaben abweicht.

(Operatives) Projektmanagement
Projektmanagement umfasst alle Führungsaufgaben, -organisation, -techniken und -mittel zur operativen Durchführung, Überwachung und Unterstützung von Projekten.

Strategisches Projektmanagement
Strategisches Projektmanagement umfasst alle Maßnahmen zur Verankerung von Projekten in der Organisation und zur Sicherstellung

des Erfolgs des individuellen Projektmanagements für die Projekte der Organisation.

Projektdreieck
Das Projektdreieck wird durch die drei Projektaspekte (Abb. 3.1) gebildet
Q: Qualität, Ergebnis, Zielerreichung, Projektziel
R: Ressourcen, finanzielle und personelle Mittel und Infrastruktur
T: Termine, Projektdauer, Zieltermin, Pünktlichkeit

Mit der IOOI (Abschn. 3.2.1) lassen sich mit der Entscheidung für Ziele die Veranstaltung planen. Der Arbeitsstrukturplan unterstützt dabei, die Aufgaben festzulegen (siehe Abb. 3.2).

3.2 Projektstart

Kennzeichen eines Projekts ist es, dass es nicht im Rahmen der üblichen Organisationsform durchgeführt werden kann. Dies bedeutet im Allgemeinen, dass ein Projektteam gebildet wird. Der Projektleiter muss mit dem Team beim Projektstart gemeinsam klären:

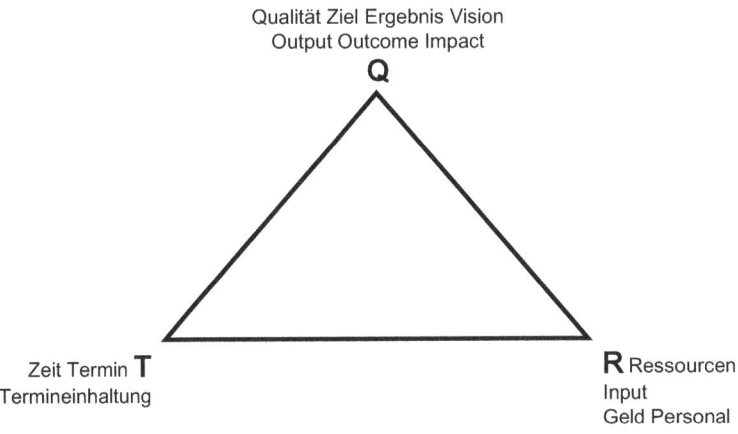

Abb. 3.1 Projektdreieck

Projekt / Veranstaltungs- Planung in a nutshell

Ziele – was will ich ?

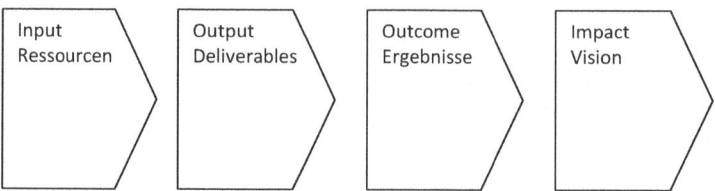

Zeitplan – WAS bis WANN – WOZU, WOMIT, WARUM ...

Arbeitsstrukturplan – WAS muss geschehen, damit das Ziel ereicht wird?

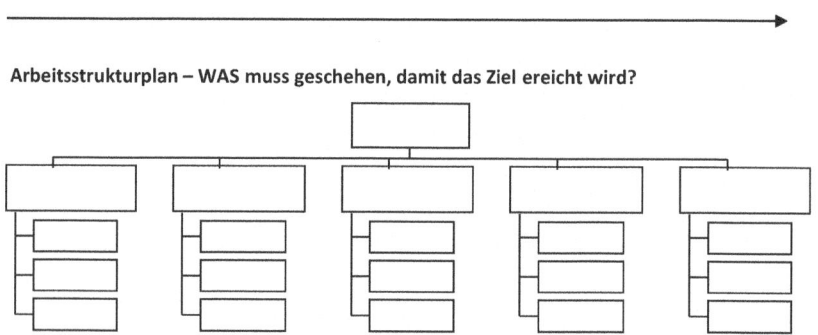

Abb. 3.2 Planungsformular: Ziele – Termine – Aufgaben

- Ziele und Vision des Projekts, Arbeitsziele im Projektdreieck (Visionen, Ziele, Qualität; Zeitplan und Meilensteine; personeller, materieller und zeitlicher Rahmen)
- Verteilung der erforderlichen Rollen/Funktionen (eventuell auch Termine für die Wahrnehmung der einzelnen Rollen/Funktionen)
- Spielregelungen für die Kommunikation intern (Gesprächsführung, Berichterstattung) und extern (Sprecherfunktion, Vertraulichkeit)

Projektkommunikation Die Kommunikation im Projekt muss geplant werden: Wer erhält Informationen, wer gibt welche weiter? Je mehr Personen an einem Projekt beteiligt sind, desto komplexer ist die zu organisierende Kommunikation. Zum einen muss die interne Kommunikation geplant werden: Wie soll vor allem das Reporting erfolgen? Wann sollen beispielsweise Berichte zum Bearbeitungsstand abgegeben werden? Wann soll über Schwierigkeiten berichtet werden? Regelmäßige Projektteamsitzungen zu Beginn oder am Ende der Woche eignen sich dazu besonders gut. Zum anderen müssen für die externe Kommunikation mit Auftraggebern und Lenkungsausschuss die Art und Weise sowie Termine der Berichterstattung festgelegt werden. Hier kann man sich beispielsweise an den gesetzten Meilensteinen orientieren. Auch an die Projektdokumentation sollte rechtzeitig gedacht werden.

3.2.1 Projektziel

> **Wichtig**
>
> Menschen, die sich Ziele setzen, erreichen mehr, denn sie wissen, wohin sie gehen und warum sie das tun.
> Wer das Ziel nicht kennt, wird auch den Weg nicht finden

Auch wenn sich die Ziele und Anforderungen in Projekten ändern und die Praxis flexiblere Entwicklungsprozesse erfordert, ist eine generelle Festlegung der Projektziele und der Inhalte (nicht von Form und Inhalt der Ergebnisse) immer wichtig. Diese dienen ggf. als Basis für ein Änderungsmanagement.

> Das Wichtigste am Projekt ist das Ziel.

Grundsätzlich muss zwischen dem Projektziel im Rahmen des magischen Projektdreiecks (Ergebnis, Ressourcen, Termine) und dem Ziel als Projektergebnis unterschieden werden.

> **Zieldefinition: Begriffe**
>
> **Vision (impact)**
> Die Vision des Projekts ist der angestrebte zukünftige Zustand der Welt (bzw. der betroffenen Organisationen). Hiermit sind also die durch das Projekt zu erreichenden Veränderungen gemeint. Die Vision lässt sich dadurch fassen, dass man die Frage stellt: Wie verändert sich die Welt, wenn das Projekt erfolgreich abgeschlossen ist?
>
> **Projektergebnis (outcome)**
> Das Projektergebnis beschreibt die als Ergebnis des Projekts vorliegenden Produkte, Erkenntnisse oder Veränderungen bzw. deren angestrebten Eigenschaften.
>
> **Deliverables (output)**
> Deliverable Items sind Projektergebnisse (Produkte), die in physischer oder elektronischer Form übergeben werden können.
>
> **Mission**
> Mit Mission ist die durch das Projektteam zu bewältigende Aufgabe gemeint. Hierbei geht es um konkrete Handlungen und Maßnahmen, die zur Zielerreichung dienen. Die Mission (Aufgabenstellung) kann schon den Lösungsweg beinhalten und ist die Basis für den Arbeitsstrukturplan.

Wirkungslogik: IOOI Eine andere Sicht auf die Ziele gibt die in Bertelmann (2010) eingeführte Wirkungslogik. Sie betrachtet die Ergebnisse eines Projekts in unterschiedlichen Kategorien analog zur obigen Differenzierung:

> **Wirkungslogik IOOI – Zielkategorien**
>
> **Input**
> Die für das Projekt eingesetzten Ressourcen
>
> **Output**
> Direkte Projektergebnisse (Deliverables, Dokumente)

Outcome
Projektergebnis (Derivative messbare Zielaspekte)

Impact
Langfristige Wirkung des Projekts (Projektziel, Vision)

Eine gute Methode zur Festlegung der Vision/Impact ist die Formulierung eines virtuellen Presseberichts.

> **Vision und virtueller Pressebericht „10. Tag der Region"**
> Ein Fest zur Vermarktung regionaler Produkte und zur Kommunikation zwischen Produzenten und Konsumenten zu initiieren und zu organisieren ist ein aufwendiges Projekt. Da hilft eine Vision: „Das Projekt mit 500 Personenstunden (input) führte zu einem der wichtigsten nachhaltigen Events der Stadt. Aufgrund eines erarbeiteten Projektplans und einer Liste möglicher Standbeschicker (output) wurde der erste Tag der Region mit 800 Teilnehmern umgesetzt (outcome). Nach zehn Jahren ist das Event nicht nur die größte Veranstaltung zur regionalen ökologischen Produktion, sondern auch ein plastikfreies und auch sonst vorbildlich nachhaltiges Event, das mehrere Tausend Besucher über Nachhaltigkeit und regionale Produktion informiert (impact)."

Ziele und ihre Messung Das Wichtigste bei einem Projekt ist das Ergebnis. Die Projektvision (Impact) beschreibt das eigentliche Ziel des Projekts in Form eines zukünftigen Zustands (was soll sein?). Daneben hat jedes Projekt klar messbare Ziele (Ergebnisse, outcome) und überprüfbare Produkte (Deliverables, output).

Die SMART-Formel ist eine hilfreiche Methode, um quantitative Ziele richtig zu definieren. Häufig wird sie aber nur auf derivative Ziele angewandt, da das eigentliche Ziel (Vision) qualitativ ist.

- **S**pezifisch: Ziele müssen eindeutig und präzise formuliert sein.
- **M**essbar: Ziele müssen auf einer messbaren Größe beruhen oder ihre Erreichung muss klar entscheidbar sein.

- **A**kzeptabel und attraktiv. Ziele müssen für den Auftraggeber und das Projektteam eine gute Lösung darstellen.
- **R**ealistisch: Ziele müssen nachvollziehbar realistisch sein.
- **T**erminiert: Ziele müssen mit einem Datum für die Erreichung festgelegt sein.

Dabei ist auch zu klären, ob das Ziel ein Minimalziel (Muss-Kriterium) oder eine Vision (Wunsch-Kriterium) darstellt. Wer Ziele vereinbart, muss auch die notwendigen Ressourcen bereitstellen.

Ziel und Kriterium

Das SMART-Kriterium „akzeptabel und attraktiv" kann unterschiedlich ausgelegt werden. Bei einem Minimalkriterium (MUSS) ist klar, dass das Kriterium keinesfalls verpasst werden darf. Bei einem Optimalkriterium (VISION) ist das Kriterium die Projektvision. Realistisch meint im ersten Fall „sicher erreichbar" und im zweiten Fall „möglich".

In einer Notenskala entspricht das Muss-Kriterium dem „bestanden" (PASS) während eine Vision dem besten Wert „sehr gut" (BEST) entspricht.

Beispiel Bei einer betrieblichen Veranstaltung haben in den letzten Jahren 30 % der 2000 Mitarbeitenden teilgenommen. Mögliche Ziele für das nächste Jahr sind: Alle 2000 sollen teilnehmen (unrealistisch), wenigstens 85 % sollen teilnehmen (optimistische Vision), wir wollen dieses Mal die 50 % erreichen (realistische Vision) oder es dürfen nicht weniger als 500 Teilnehmende sein (hartes MUSS-Kriterium).

3.2.2 Projektteam

Wenn eine Einzelperson oder eine kleine Gruppe ein Projekt durchführt, werden einzelne Personen mehrere der im Folgenden betrachteten Funktionen ausführen und verschiedene Rollen einnehmen. Damit entfallen Kommunikationsaufwände, aber es bleibt wichtig, sich die unterschiedlichen Aufgaben im Rahmen des Projekts zu vergegenwärtigen.

Die folgenden Rollen und Aufgaben können im Umfeld des Projektmanagements für ein einzelnes Projekt unterschieden werden. Sie werden in einer oder mehreren Personen vereinigt, die je nach

Gepflogenheiten die Namen „Projektleiter" oder „Projektmanager" bekommen. Folgende Begrifflichkeiten werden verwendet:

- Projektverantwortliche: Vertretung und Verantwortung für das Projekt gegenüber Geschäftsleitung und Kunde, Zuständigkeit für die Ressourcenausstattung und Ergebnisse des Projekts.
- Promotoren: Unterstützer des Projekts innerhalb der Organisation oder wichtige Stakeholder
    - Machtpromotoren mit entsprechender Stellung im Unternehmen und Einfluss
    - Fachpromotoren mit entsprechender Fachkompetenz
    - Projektmultiplikatoren (informelle Rolle)
    - Extern: Unterstützer, Moderatoren
    - Intern: Koordinatoren, Moderatoren
- Projektleiter: interne Rolle, Entscheidungskompetenz gegenüber den Projektmitarbeitern, Verantwortung für das Erreichen der Projektziele
- Projektsprecher: Teammitglied (I. A. Mitglied der Projektleitung) mit der Aufgabe und Befugnis, das Projekt nach außen zu vertreten
- Projektmanager: Teammitglied mit der Aufgabe, das Projekt zu planen, zu überwachen und zu steuern bzw. Maßnahmen der Projektleitung vorzuschlagen.

Die erste Aufgabe des Projektleiters besteht darin, einen realistischen Projektentwurf vorzulegen. Viele Projekte scheitern, weil von Anfang an das Projektdreieck unrealistisch ist und Ziele, Ressourcen und Termine nicht zusammenpassen.

3.2.3 Stakeholder- und Anforderungsanalyse

Bei den Projektbeteiligten sind einerseits die handelnden Personen und andererseits die im Aktionsrahmen des Projekts betroffenen Interessen relevant. Es hilft der Strukturierung, diese bei der Planung mitzudenken und eventuelle Maßnahmen/Reaktionen im Projekt einzuplanen.

Die Akzeptanz eines Projekts ist sehr wichtig für dessen Erfolg. Zum einen ist es natürlich von Bedeutung, eventuelle Projektkunden und ihre Anforderungen an das Projekt zu kennen. In Nachhaltigkeitsprojekten und im Ehrenamt gibt es viele Beteiligte, die auf irgendeine Art und Weise von dem Projekt betroffen sein können (Stakeholder). Aus diesem Grund ist es wichtig, eine Stakeholderanalyse durchzuführen, um die unterschiedlichen Stakeholder, ihre Interessen und Möglichkeiten der Einflussnahme zu identifizieren. Neben den explizit formulierten Anforderungen gibt es auch implizite (persönliche, private, interne, strategische) Interessen (hidden agenda) bei allen Stakeholdern.

Die Stakeholderanalyse gliedert sich in vier Schritte.

> **Stakeholderanalyse in vier Schritten**
> 1. Wer sind die Stakeholder des Projekts?
> 2. Inwiefern sind diese Stakeholder von dem Projekt betroffen? Welche Interessen und welche Möglichkeiten der Einflussnahme haben sie?
> 3. Mit welchem Verhalten der Stakeholder ist zu rechnen?
> 4. Welche Maßnahmen können getroffen werden, um eventuelle Widerstände zu mindern und potenzielle Unterstützer zu aktivieren?

Die Erfassung und Klassifizierung der Stakeholder können anhand einer Liste wie im Beispiel Tab. 3.1 geschehen.

3.3 Projektplanung

Die Projektplanung geschieht in mehreren Phasen: Zum einen muss die Projektplanung selbst geplant werden, d. h. es gehen ein oder mehrere Planungsprozesse für die Planung voraus – je nach Größe des Projekts. Zum anderen wird die Planung immer mehr verfeinert, sodass man von einer Grobplanung in der Definitionsphase zu immer genaueren und detaillierteren Plänen kommt, die auch während des gesamten Projektverlaufs noch verfeinert und angepasst werden.

Tab. 3.1 Stakeholder, Anforderungen und Beitrag

Stakeholder	Interesse (passiv)	Beitrag (aktiv)

Tab. 3.2 Projektplanung

Komponente/Dokument	Aufgabe
Arbeitsstrukturplan (WBS) mit Ressourcen	Die gesamte Aufgabe in Teilprojekte und Arbeitspakete gliedern und die Aufwände schätzen und festlegen
Zeit- und Terminplan (Netzplan, Gantt)	Die Aufgaben (Arbeitspakete) in eine zeitlich-logische Reihenfolge bringen und Termine für Beginn und Fertigstellung ermitteln und festlegen. Meilensteine definieren und terminieren
Projektstrukturplan	Verantwortlichkeiten für die Arbeitspakete des Arbeitsstrukturplans festlegen
Projektablaufplan	Die Aufgaben im Terminplan den Personalressourcen zuordnen

Die beiden wichtigsten Komponenten der Projektplanung – Arbeitsstrukturplan (Work Breakdown Structure) und Terminplan – stellt Tab. 3.2 zusammen. Sie entsprechen den beiden Ecken Ressource und Termin des Projektdreiecks (Abb. 3.1). Der Projektstrukturplan und Projektablaufplan können als eigenständige Dokumente aus dem Arbeitsstrukturplan erstellt oder in den Arbeitsstrukturplan bzw. Zeitplan integriert werden.

Für den Arbeitsstrukturplan (Work Breakdown Structure, WBS) bieten sich auf den unterschiedlichen Ebenen unterschiedliche Gliederungsprinzipien wie Objekte, Funktionen, Geräte oder Phasen an. Zwei mögliche Gliederungsprinzipien für die obere Ebene zeigt Abb. 3.3. Die unteren Ebenen können dann hierarchisch oder nach einem der anderen Prinzipien aufgegliedert werden.

3.4 Durchführung und Projektcontrolling

Wenn die Planungsphase abgeschlossen ist, kann die Umsetzung beginnen. Zentrale Aufgaben während der Projektdurchführung sind das Umsetzen der geplanten Schritte und Aktivitäten, das Überwachen und das Steuern, d. h. die fortgesetzte Anpassung der Planung an den Projektfortschritt.

Der Projektfortschritt muss stetig überwacht werden (Soll-Ist-Vergleich). Dabei stehen vor allem die Parameter des magischen Projektdreiecks im Vordergrund: Ergebnis, Ressourcen, Zeit (Abb. 3.1). Das Projekt wird regelmäßig dem aktuellen Informationsstand angepasst.

> **Projektcontrolling**
> Projektcontrolling beinhaltet die Maßnahmen zum Erreichen der Projektziele durch: Soll-Ist-Vergleich, Feststellung der Abweichungen, Bewerten der Konsequenzen und Vorschlagen von Korrekturmaßnahmen, Mitwirkung bei der Maßnahmenplanung und Kontrolle der Durchführung.

Der englische Begriff „to control" meint dabei nicht nur kontrollieren, sondern auch „steuern" bzw. im technischen Sprachgebrauch „regeln".

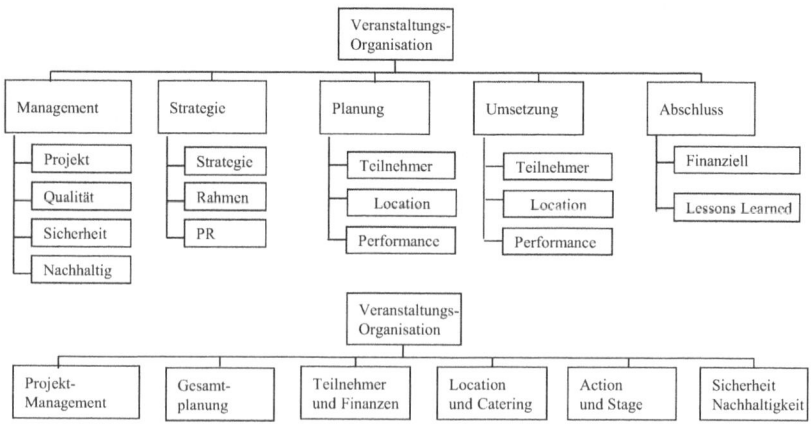

Abb. 3.3 Grundprinzipien Arbeitsstrukturpläne für ein Event

Die Aufgabe des Projektcontrollings besteht daher zum einen in der Kontrolle und Überwachung und zum anderen in der Steuerung des Projekts (im Sinne eines Regelkreises von Beobachtung und steuernden Eingriffen). Es gilt, das Projekt mithilfe des Projektplans auf Kurs zu halten.

Wichtige Schritte im Controlling sind

- Soll-Ist-Vergleich im Projektdreieck und Feststellung der Abweichungen
- Bewerten der Konsequenzen
- Erarbeiten von Korrekturmaßnahmen und Maßnahmenplanung
- Kontrolle der Durchführung
- Kontrolle der Wirksamkeit

Auch wenn allen Projektmitarbeitern die Projektplanung bekannt sein sollte, muss der Projektleiter dafür sorgen, dass die Arbeitspakete planmäßig starten und die benötigten Ressourcen rechtzeitig bereitstehen. Störungen müssen möglichst frühzeitig erkannt werden. Dies gelingt, indem regelmäßig der geplante Sollzustand mit dem Istzustand verglichen wird und mögliche externe Einflüsse beobachtet werden. Tritt ein unerwartetes Ereignis ein, müssen möglichst schnell Korrekturmaßnahmen ergriffen werden, insbesondere dann, wenn Arbeitspakete auf dem kritischen Pfad betroffen sind.

In welchen Zeitabständen Controlling-Maßnahmen und Projektbesprechungen nötig sind, muss ebenso abgewogen werden. Bei längeren Projektlaufzeiten genügen häufig monatliche Intervalle, bei kürzeren wöchentliche oder 14-tägige. In kritischen Phasen können tägliche Treffen nötig sein. Daneben können die Meetings auch (zusätzlich) stichtagsbezogen abgehalten werden, beispielsweise nach jedem erreichten Meilenstein. Bei besonderen Vorkommnissen sollte jedoch nicht erst bis zum nächsten Meeting gewartet werden.

In Ergänzung zum klassischen Controlling, das eine Anpassung des Ist-Wertes an den Soll-Wert beinhaltet, muss im Projektmanagement das Projektdreieck mitberücksichtigt werden. Eine Anpassung einer der drei Parameter Qualität, Ressourcen und Termine ist zwar möglich, aber häufig muss das gesamte Projektdreieck angepasst werden (Hachtel und Holzbaur 2009).

> Projektcontrolling betrifft das gesamte Projektdreieck.

Projektcontrolling verursacht Kosten. Wenngleich es viele Vorteile mit sich bringt, gilt es, das richtige Maß von Aufwand und Nutzen abzuwägen.

Das operative Projektcontrolling muss nicht vom Projektleiter übernommen werden, da insbesondere bei größeren Projekten der Arbeitsaufwand weit überschritten werden würde. Die Projektleitung muss aber immer zeitnah informiert werden, um einen guten Überblick über den Projektstand zu haben.

3.5 Agiles Projekt

Die Anforderungen an die vereinbarten Ergebnisse und Leistungen werden im Projektverlauf konkretisiert und adaptiert. Gründe für eine Modifikation der Anforderungen oder Spezifikationen können sein:

- Änderungen in den Wünschen der Auftraggeber und Projektbeteiligten
- Ausgleich zwischen den Anforderungen im Projektdreieck
- Festgestellte Probleme in der Umsetzung von Vorgaben

Daher ist es sinnvoll, Stakeholdermanagement (siehe Abschn. 3.2.2) zu betreiben und sich nicht nur auf eine Stakeholderanalyse zu Projektbeginn zu begrenzen. Agiles Vorgehen vollzieht sich darüber hinaus in kurzen Zyklen.

Die agile Methode kann z. B. für die Veranstaltungskonzeption eingesetzt werden. Im Normalfall wird eher die Konzeption und vielleicht die Idee des Projekt-Kanbans (Tab. 3.3) oder anderer Visualisierungstools umgesetzt.

Generell hat sich gezeigt, dass Scrum nur als Grundprinzip oder mit Modifikationen praktisch umgesetzt werden kann, man spricht hier von „Scrum-BUT" (Wir machen Scrum im Prinzip, aber …).

3.6 Projektabschluss und Erfolgsmessung

> No job is finished until the paperwork is done!

Es ist geschafft, das Ziel ist erreicht – jetzt das Projekt noch erfolgreich abschließen. Diese letzte Phase wird häufig vernachlässigt, obwohl sie wichtig ist. Denn es geht hier zum einen um die Erfüllung des Auftrags, zum anderen um die Auswertung des Projektablaufs.

> **Projektabschluss**
>
> Der Projektabschluss ist das formale Ende eines Projekts. Er beschließt alle Tätigkeiten, die mit dem Projekt in Zusammenhang stehen – offiziell und theoretisch hört damit das Projekt auf, zu existieren.

Zum Projektabschluss sollte das Projekt auch vom Ablauf her kurz dokumentiert werden.

- Dokumentation teamintern inkl. Lessons Learned
- Dokumentation firmenintern inkl. Wirkungsanalyse und Budget
- Dokumentation gegenüber Kunden und Stakeholdern
- Finanzieller Abschluss

Weitere Punkte zum Projektabschluss können sein:

Tab. 3.3 Layout für ein Projekt-Kanban

Anstehende Aufgaben	Eingeplante Aufgaben	In Arbeit	Fertig in Prüfung	Geprüft und freizugeben	Abgeschlossen

- Überführung in einen Prozess
- Start von Nachfolgeprojekten
- Pressebericht
- Würdigung und Überleitung der Mitarbeiter
- Abschlussfeier: Wer arbeiten kann, soll (sich) auch feiern dürfen.

Ihr Transfer in die Praxis

- Betrachten Sie die letzten Events, an deren Organisation Sie beteiligt waren, und erstellen Sie dafür jeweils einen Arbeitsstrukturplan (WBS, was wird getan) und einen Zeitplan (wann wird es getan).
- Erstellen Sie daraus einen Muster-WBS für wiederkehrende Veranstaltungen.
- Erstellen Sie ein Liste der Oops-Momente vergangener Veranstaltungen.

Literatur

Hinweis: Für unsere Leser (mwd) haben wir Planungshilfen, z. B. Checklisten, erstellt. DieseVorlagen können und sollten Sie für Ihre jeweilige Veranstaltung anpassen. Sie finden diese auf unserer Website www.sustainable-event.management.

Bertelmann (Hrsg.). (2010). https://www.bertelsmann-stiftung.de/fileadmin/files/Leitfaden_CCMessungl.pdf.

Hachtel, G., & Holzbaur, U. (2009). *Management für Ingenieure*. Vieweg.

4

Perspektiven der Veranstaltungsplanung

> **Was Sie aus diesem Kapitel mitnehmen**
>
> Sie erfahren,
>
> - dass man Veranstaltungen aus operativer und strategischer Perspektive betrachten kann
> - dass die Kenntnis der Unternehmensstrategie wichtig ist, um Meetings und Events erfolgreich zu organisieren
> - dass es wichtig ist, bei der Planung die Sicht der Teilnehmer (mwd) im Blick zu behalten
> - dass man mithilfe einer Matrix die verschiedenen Blickwinkel besser berücksichtigen kann und damit eine optimale Planungssicherheit bewahrt.

4.1 Ebenen der Veranstaltungsplanung

Im Folgenden geben wir eine kurze Übersicht über die konzeptuellen Ebenen des Veranstaltungsmanagements (Eventmanagements).

> **Veranstaltungsmanagement(Eventmanagement)**
>
> **Operatives Eventmanagement**
> ist die Gesamtheit aller Maßnahmen in allen Handlungsfeldern, um eine Veranstaltung zu organisieren und erfolgreich zu machen.
>
> **Strategisches Eventmanagement**
> ist die Gesamtheit der Aufgaben zur Verankerung von Events in der Strategie der Organisation.

Diese Struktur findet sich auch im Aufbau dieses Quick Guides wieder: Kap. 5 und folgende sind operativen Organisation, Kap. 7 dem strategischen Veranstaltungsmanagementsystem gewidmet.

4.2 Teilnehmersicht: Participant Journey

Die Planung von Veranstaltungen erfolgt in der Regel aus Sicht des Veranstalters bzw. Organisators (mwd). Komponenten, Phasen und Meilensteine werden aus Organisationssicht betrachtet. Die Teilnehmer tauchen namentlich nur im Teilnehmermanagement auf und dienen als statistische Größe beim Veranstaltungsort, der Unterkunft und im Catering. Es lohnt sich jedoch, eine Veranstaltung aus unterschiedlichen Perspektiven zu betrachten. Denn die Betrachtung des Verlaufs aus Teilnehmersicht (Participant Journey, Abb. 4.1) erlaubt es, Veranstaltungen aus der Sicht unterschiedlicher Besucherkategorien zu betrachten; das können sein:

- reguläre Teilnehmer oder VIP (Multiplikatoren, Ehrengäste),
- interne und externe Gäste oder Akteure,
- Teilnehmer mit unterschiedlichen Beeinträchtigungen (Hörbehinderung, Sehbehinderung, kognitive Einschränkungen),
- Personen mit unterschiedlichen Absichten (lernen, beeinflussen, Macht demonstrieren, Informationen abgreifen, stören, spionieren, sabotieren).

Dies kann man verdeutlichen über die Einstellung der Teilnehmer zur Veranstaltung, z. B. objektiv, negativ, positiv, kooperativ, destruktiv.

4 Perspektiven der Veranstaltungsplanung

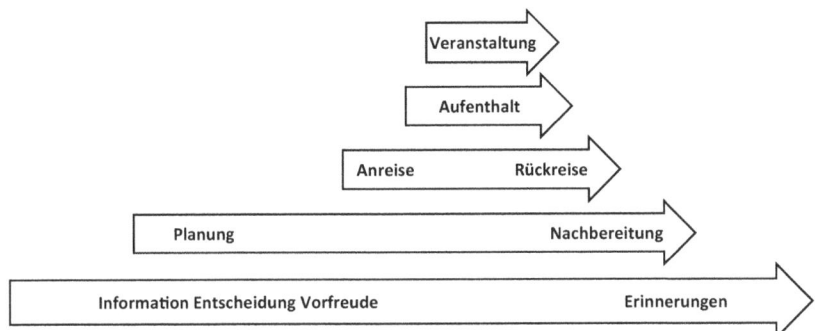

Abb. 4.1 Participant Journey

Mit dieser Methode wird die Veranstaltung bereits bei der Planung aus allen Blickwinkeln betrachtet, um Befürwortern oder Kritikern entsprechend zu begegnen. Für Veranstaltungen, deren Ziel es ist, einschneidende Veränderungen einzuleiten, bestehende Probleme zu lösen oder richtungsweisende Änderungen zu initiieren, z. B. einen Change-Management-Prozess, kann diese Methode nützlich sein.

Für die alltäglichen kleineren Geschäftsbesprechungen sind sie nicht unbedingt notwendig, aber auch hier hilft es, vorausschauend zu planen. Es ist immer hilfreich, sich in die Situation anderer zu versetzen, um ihn oder sie besser zu verstehen und „mit auf die Reise" einer Veranstaltung zu nehmen. Es genügt, die Perspektive des kritischen und wohlwollenden Teilnehmers einzunehmen. Daher werden wir im nächsten Kapitel, die Veranstaltung aus Organisationssicht und aus Sicht des Teilnehmers bzw. der Teilnehmerin betrachten.

> Das menschliche Verhalten spielt eine zentrale Rolle bei Events.

4.3 Von der Vision zum Plan – SEDM

Der in Abschn. 1.3 vorgestellte Ablauf ist nur ein Grobprozess, der sich an den Phasen orientiert.

Die in Kap. 2 vorgestellten wesentlichen Eigenschaften tragen dazu bei, die Komponenten jedes Meetings, jedes Events auszugestalten. Sie werden sichtbar und erfahrbar im Laufe der weiteren Planung:

Zum einen aus der strategischen Sicht, welche die Vision der Veranstaltung mit Berücksichtigung der Anspruchsgruppen im Blick behält, zum anderen aus der Sicht des planenden Teams, das für die praktische Umsetzung sorgt.

Wir haben das Ganze in einer Event Design Matrix (EDM) zusammengestellt, deren Spalten die beiden ersten Phasen der Veranstaltungsplanung abbilden, siehe Abb. 4.2. Die Hauptzeilen der Event Design Matrix sind die wichtigen Komponenten und Entscheidungen der klassischen Projektplanung. Durch ergänzende Zeilen zum Thema Nachhaltigkeit wird das Ganze zur SEDM – Sustainable Event Design Matrix.

> **Veranstaltungsmatrix**
>
> **Events-Design-Matrix EDM**
> Die Design-Matrix für Veranstaltungen EDM fasst die wichtigen Anforderungen und Entscheidungen bei der Entwicklung eines Events zusammen.
>
> **Nachhaltige Events-Design-Matrix, Sustainable Event Design Matrix SEDM**
> Die Design-Matrix für Nachhaltige Events SEDM fasst die wichtigen Anforderungen und Entscheidungen bei der Entwicklung eines nachhaltigen Events zusammen.

Spalten der SEDM

- Im ersten Teil unserer Planung, in der „Vision – the stakeholders' view", müssen wir zunächst die Frage beantworten, WAS überhaupt erreicht werden soll. Welche Ziele oder Erwartungen sind an die Veranstaltung geknüpft?
- In einem zweiten Teil klären wir aus „Plan – the team's view", WIE wir diese Ziele und Erwartungen erreichen bzw. erfüllen werden.

	"Vision – the stakeholders' view"		"Plan – the team's view"	
Strategy "Make it successful"	Gesamtziel, Eventkern, Erfolgskriterium,	Projektrahmen	Veranstaltungskern	Projektteam
	Zielgruppe, Einladung mit Kernbotschaft	Stakeholder Kernpartner	Ressourcen	Stakeholdernutzen
Stabilität - Erlebnis "Make it special." "Make it stable."	Veranstaltungsinhalt	Branding USP	Projektplan	Teilnehmer-/ Besuchernutzen
	Aktivierung	Veranstaltungsziele	Einladung / Kommunikation	Location / Transport / Übernachtung
Sustainability "Make it sustainable."	Nachhaltigkeitsfokus	Umweltaspekte / Ressourcen	Veranstaltungskomponenten vor Ort	Veranstaltungskomponenten Teilnehmer
	Sozioökonomische Aspekte / Kultur	Regionalentwicklung	Nachhaltigkeitsaspekte / Wirkung	Kommunikation / Marketing
Sustainable Awareness "Make an impact."	Formelle Bildung / Einflussnahme	Kommunikationsziele	Bildungsinhalte bzw. Einflussnahme	Whole Institution Approach
	Informelle Bildung	Einbindung	Influencing, Nudging	Gestaltungsaspekte
Safety "Make it safe and secure."	Risk Portfolio	Safety and Security	Externe Bedrohungen	Risiko durch Teilnehmer, Besucher, Lieferanten
	Compliance / Good Practice	Stakeholderanalyse	Interne Kommunikation	Externe Kommunikation

Abb. 4.2 SEDM Matrixstruktur

Die Tab. 4.1 zeigt die Logik der Spalten.

Zeilen der SEDM entsprechen den Hauptbereichen der Veranstaltungspyramide (Abb. 2.1). Dabei kann man je nach Schwerpunkt unterschiedlich tief differenzieren.

Tab. 4.1 SEDM Spaltenlogik

Spalte 1: WAS	Spalte 2: WIE
Strategie, Anforderungen	Plan, Umsetzung
Kundensicht, Stakeholder	Teamsicht
Definitionsphase und Planung	Planungsphase
Lastenheft/Anforderungen	Pflichtenheft/Spezifikation/Design

Tab. 4.2 Matrixelemente kompakt

	Anforderungen, WAS	Entwurf, Plan, WIE
Strategie		
Stabilität, Erfolg (klassisches Veranstaltungsmanagement)		
Nachhaltiges Veranstaltungsmanagement		
Sicherheit		

- Ziele und Strategie
- Stabile Implementierung, Effizienz, Ergebnis und Erfolg
- Nachhaltigkeit mit den Teilbereichen Green (defensiv, Fußabdruck) und ganzheitlich.
- Sicherheit (gegen Unfälle und negative interne und externe Einwirkungen)

Die Tab. 4.2 eine exemplarische (kompaktifizierte) SEDM-Struktur, Abb. 4.2 die typische Matrixstruktur.

Die Elemente der SEDM betrachten wir in Abschn. 5.2.1

Im Verlauf unserer Planung füllen wir die Felder Schritt für Schritt auf und bauen bzw. entwickeln damit das Sustainable Event Design für unsere Veranstaltung. Es bildet die Grundlage für unsere weitere Arbeit. Solange wir die Sichtweisen beibehalten und dabei die Prinzipien nachhaltiger Veranstaltungen berücksichtigen, können wir zu jedem Zeitpunkt kontrollieren, korrigieren oder ändern.

Literatur

Hinweis: Für unsere Leser (mwd) haben wir Planungshilfen, z. B. Checklisten, erstellt. DieseVorlagen können und sollten Sie für Ihre jeweilige Veranstaltung anpassen. Sie finden diese aufunserer Website www.sustainable-event.management.

Teil II
Vorgehen Veranstaltungs-organisation

Im zweiten Teil geht es nun um die konkrete Umsetzung:

- von Events
- von Nachhaltigen Events
- von Eventmanagementsystemen

In diesem Teil betrachten wir die klassische Veranstaltungsplanung, also das WIE. Das klassische Eventmanagement für alle Arten von Veranstaltungen ist in Holzbaur et al. (2002[33]) und einigen anderen Werken ausführlich beschrieben. Die Grundlagen haben Sie bereits in Teil I dieses Buches kennengelernt. In den folgenden Kapiteln erhalten Sie alle Informationen, die Sie für die Planung, Organisation und Durchführung eines Meetings oder Events benötigen.

Hauptkomponenten sind

- Projektmanagement als Basis (stabile Planung)
- Ergebnisorientierung als Erfolgskriterium
- Erlebnisorientierung als Erfolgsfaktor

Vorgehen Veranstaltungsorganisation:

Wir zeigen, **wie** man eine Veranstaltung – Meeting oder Event – erfolgreich und ergebnisorientiert plant und umsetzt.

Die Planung ist der wichtigste Teil einer jeden Veranstaltung. Sie lernen, welche Komponenten wichtig sind, damit die erste zündende Idee Gestalt annehmen kann. Am Ende dieser Phase steht die Planung und die Vorbereitungen nehmen ihren Lauf.

Die Planungsphase geht fließend in die Realisierung des Events über. Manche Arbeiten vor Ort, insbesondere an der Infrastruktur, müssen schon begonnen werden, während an anderer Stelle noch Entscheidungen getroffen werden.

Im Teil Realisierung geht es zur Sache. Das Meeting oder Event wird nun operativ umgesetzt. Die Mitwirkenden treffen am Veranstaltungsort ein, der Raum wird gerüstet, Bestuhlung und Veranstaltungstechnik werden vorbereitet. Briefings für alle Beteiligten der Organisation finden statt. Die Teilnehmer (mwd) reisen an. Die Veranstaltung findet statt.

5
Klassische Veranstaltungsorganisation

> **Was Sie aus diesem Kapitel mitnehmen**
>
> - Mit den Erkenntnissen, die Sie aus vorherigen Kapiteln gewonnen haben, lernen Sie nun, wie Sie diese anwenden, um ein Meeting bzw. ein Event zu organisieren. Sie erfahren, worauf Sie in den verschiedenen Phasen achten sollten.
> - Sie erfahren, wie ein Meeting oder Event von der ersten zündenden Idee Gestalt annimmt und welche Bestandteile im Event-Design enthalten sein sollten. Mit diesen Vorgaben gelingen Planung und Vorbereitung Ihrer Veranstaltung.
> - Sie können letzte Vorbereitungen für den Beginn der Veranstaltung treffen.

Das klassische Eventmanagement für alle Arten von Veranstaltungen sind in Holzbaur et al. (2002) und einigen anderen Werken ausführlich beschrieben. Wir fassen hier in Ergänzung zu den Grundlagen in Teil I alle Informationen zusammen, die Sie für die Planung eines Meetings oder Events brauchen können.

Hauptkomponenten sind

- Projektmanagement als Basis (stabile Planung)
- Ergebnisorientierung als Erfolgskriterium
- Erlebnisorientierung als Erfolgsfaktor

Für ganz Eilige Wenn Sie gleich durchstarten müssen: Nehmen Sie ein Blatt Papier und beantworten Sie die Fragen aus Tab. 5.1.

Tab. 5.1 Kompakte Planungsliste für Events

Hauptpunkt	Fragestellungen
Ausgangslage	Wo stehen wir? Wo wollen wir hin?
Idee/Motto	Was leitet uns an?
Ziele/Strategie/Kernbotschaft	Was wollen wir erreichen?
Budget	Welche Mittel stehen uns zur Verfügung?
Zielgruppe/Teilnehmende	Wen wollen wir erreichen?
Organisation/Team	Wer ist verantwortlich für die Organisation? Wer hilft mit?
Ablauf/Zeitplan	Anfang Datum, Zeitpunkt – Ende Datum, Zeitpunkt
Veranstaltungsort	Wo sollte die Veranstaltung organisiert werden?
Gruppenaufteilung	Benötigen wir Gruppenräume? Wenn ja, wie viele?
Veranstaltungstechnik	Welche Technik ist wichtig?
Weitere Aspekte Recht/Versicherung/Sicherheitsaspekte	Was ist noch zu beachten?
Dokumentation	Was muss dokumentiert werden? Wo und wie werden Dokumente gespeichert? Wer hat Zugriff auf welche Dokumente?
Kommunikation	Wer muss wann, wie oft, worüber informiert werden?
Evaluation	Welche Bereiche unserer Veranstaltung wollen wir evaluieren?

5 Klassische Veranstaltungsorganisation

5.1 Gesamtplanung und Planungselemente

5.1.1 Phasenkonzept aus Organisationssicht

Für die Planung, die Durchführung und die Nachbereitung von Business-Meetings und -Events haben sich Methoden des Projektmanagements (Kap. 3) durchgesetzt. Auch wenn eine Veranstaltungsplanung nicht immer ganz neu ist, lassen sich Methoden und Techniken des Projektmanagements auf die Veranstaltungsorganisation übertragen und gewährleisten eine sorgfältige Planung und Durchführung. Bei wiederkehrenden Veranstaltungen kann man zum Prozessmanagement oder zu Projekt-Vorlagen und Checklisten übergehen und die Phasenpläne (Abschn. 5.1.3) sowie die SEDM (Abschn. 4.3) geeignet als Vorlage anpassen. Eine zuverlässige Methode zur Organisation von Meetings und Events bietet ein Phasenkonzept. Dieses können wir nach Abb. 5.1 mit den Ebenen der Veranstaltungsplanung und dem Eisberg-Modell des Veranstaltungsmanagements (Holzbaur et al. 2002) verbinden.

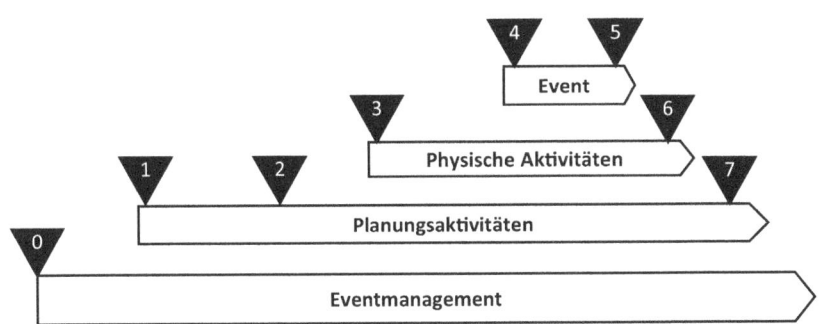

Abb. 5.1 Phasenkonzept und Ebenen

5.1.2 Hauptphasen

Jede Veranstaltung kann in drei Hauptphasen – Planung, Durchführung und Nachbereitung – eingeteilt werden. Phasen sorgen somit für eine organisatorische und zeitliche Struktur der Veranstaltung. Meilensteine unterstützen diese Struktur, sie bilden die Etappenziele (Anker), durch die festgestellt werden kann, ob die Veranstaltungsorganisation im Plan liegt. Falls nicht, kann die Projektleitung entsprechende Maßnahmen ergreifen. Das könnte schlimmstenfalls bedeuten, dass das weitere Vorgehen keinen Sinn mehr ergibt, weil das gesetzte Ziel nicht erreicht werden kann. Meilensteine können beispielsweise die Entscheidung über das Konzept des Events sein, die Entscheidung über die Realisierung des Konzepts, die Bewilligung des Budgets, die Definition der Einladungsliste und so weiter. In jeder Phase sollten ein oder mehrere Meilensteine gesetzt werden, denn sie tragen zur Kontrolle bei.

Je nach Veranstaltungsart, Format, Größe und Zielsetzung reicht ein drei- bis vierteiliges Phasenkonzept. Die Abb. 5.2 zeigt ein Inhouse-Business-Meeting, bei dem vier Phasen ausreichen. Die Struktur der Veranstaltung ist überschaubar. Eine Geschäftsbesprechung per Videokonferenz bedarf unter Umständen keiner großen Planung. Auch bei physischen und hybriden Meetings in den eigenen Geschäftsräumen genügen wenige Aktionen mit digitalen Hilfsmitteln, bis die Veranstaltung steht.

5.1.3 Detailliertes Phasenkonzept Event

Für eine größere Veranstaltung, zum Beispiel eine Jahrestagung, eine Change-Management-Tagung oder ein größeres Kick-Off-Meeting, ist eine ausführliche Planung wichtig. Dabei lassen sich die drei Abschnitte der Veranstaltung (Planung, Durchführung, Abschluss) in Phasen (Tab. 5.2) aufteilen. Das hat den Vorteil, dass die Veranstaltungsorganisatoren viel genauer planen, agieren und prüfen können.

1. Initiierung/Vorlauf (vor Projektbeginn)
2. Start

5 Klassische Veranstaltungsorganisation

Internes Business Meeting in vier Phasen

Kick-off
Bestimmung / Ziel
Ergebnis für Meeting
Rahmenbedingungen
Festlegung des Formats
- Persönlich
- Virtuell
- Hybrid
- Inhouse / intern
- Off-site / extern
Dauer
Zeitrahmen
Konzeption
Budget

Raumsuche/-buchung
Raum organisieren, buchen
Kalendereinladung aktualisieren

Teilnehmermanagement
Wer kommt?
Wann passt es? (Kalender)
Einladung versenden
Kontrolle Teilnahmestatus
Besucheranmeldung (falls nötig)

Zusätzliche Unterstützung
Veranstaltungstechnik prüfen
Video-/Telephone-Conference
Catering oder Getränke

Inhalte / Agenda
Präsentation/Dokumente
Versand / Ausdrucke

Veranstaltungstag
Unterstützung nach Absprache
Infrastruktur: Raum, Technik
Catering-Service
Besucherempfang
Protokollführung
Ad-hoc-Hilfe

Nachbereitung
Protokolle und
Dokumente versenden
Dokumentation
Nächstes Meeting vorbereiten
Rechnung Catering etc.
Evaluation, Feedback

| **Initiierung** | **Vorbereitung** | **Realisierung/** | **Nachbereitung/** |
| Grobplanung | Operative Planung - Detailplanung | Durchführung | Evaluation |

Abb. 5.2 Beispiel Internes Business Meeting

Tab. 5.2 Planung Phasen und Meilensteine (M) im Eventmanagement

Phase / M	Inhalt
M0: Idee	Idee des Events wird geboren, Vision und Rahmen „liegen in der Luft"
Init	Initialisierungsphase: Definition und Festlegung des Events, Vorlage für Entscheidungsträger
M1: go/no-go	Entschluss, das Event zu veranstalten (oder die Planung abzubrechen), interne Bekanntgabe, Festlegung von Träger und Projektleiter (ab jetzt gibt es das Event intern)
Start	Planungsphase: Aufgabenverteilung, Teambildung Ablaufplanung, Grobplanung
M2: go-on/stop	Entscheidung für die Vorbereitung (oder den Abbruch), Mittelfestlegung, going public: Bekanntgabe des Events, (ab jetzt bringt ein Abbruch finanzielle und ideelle Schäden)
Vorbereitung	Detailplanung: Vorbereitung und Organisation des Events Aufträge und Bestellungen, Einladungen
M3: point of no return	Start der Anlaufphase: Aktivierung und Abrufen der Planung: jetzt entstehen Kosten im größeren Umfang (letzte Entscheidungsmöglichkeit, Abbrechen danach kaum möglich)
Anlauf	Hochlaufen des Events: Aktivitäten vor Ort, Aufbau, Anlieferung, Anreise
M4: doors open	Start des Events, offizielle Eröffnung, Begrüßung (eventuell später)
Aktiv	Ablauf des Events: von der Eröffnung bis zur Schließung. Dauer des Verhältnisses Gastgeber – Gast/Besucher vor Ort
M5: Event-Ende	Ende des Events, offizieller Schluss Verabschiedung (eventuell früher)
Nachlauf	Beendigung des Events: Aktivitäten vor Ort, Abbau, Rückgabe, Rückreise
M6: Beendigung	Schluss der Aktivitäten, Rechnungsschluss (soweit möglich)
Nachbereitung	Abschließende organisatorische Arbeiten: Auswertung, finanzieller Abschluss
M7: Projektende	Projekt abgeschlossen

3. Vorbereitung
4. Anlauf
5. Aktiv
6. Nachlauf
7. Nachbereitung (z. T. nach Projektabschluss)

> **Phasen und Meilensteine** Die Frage ist nicht, welches Phasenkonzept und wie viele Phasen man verwendet. Wichtig ist, den Lebenszyklus von der Idee bis zum Berichtswesen abzudecken und durch Meilensteine für eine Synchronisierung der wichtigen Entscheidungen zu sorgen.

In den einzelnen Phasen ergeben sich verschiedene Arten von Aktivitäten (Tab. 5.3).

5.2 Planungsphase

5.2.1 Initialisierung: Idee – Entscheidung – Auftrag

Die Initialisierungsphase beschreibt die Zeitspanne zwischen dem Auftreten der Idee und dem Entschluss, das Event durchzuführen.

Für das Design einer Veranstaltung bildet das sogenannte Briefing den Ausgangspunkt. Zentrale Fragen helfen weiter und bilden die Eckdaten jeden Events. Diese sind beispielsweise in der SEDM enthalten und so entsteht nach und nach die ausgefüllte SEDM (Sustainable Event Design Matrix Abschn. 4.3). Trotz des häufig vorherrschenden Zeitdrucks sollte diese erste Phase sehr sorgfältig durchgeführt werden, da sonst der Erfolg beeinträchtigt sein kann. Zu oft wird etwas übersehen, oder es bleiben Einflussfaktoren unberücksichtigt.

Eventkern: Gesamtziel und Erfolgskriterien Zunächst bedarf es Klarheit darüber, warum das Meeting oder das Event durchgeführt werden soll.

- Was ist der Anlass?
- Was sind die Gesamtziele für unsere Veranstaltung?
- Welches sind die Erfolgskriterien?

Mit einem Zielkatalog lassen sich mögliche primäre, sekundäre und derivative Ziele erfassen. Anschließend werden sie in einem Zieldefinitionsprozess analysiert und in weiteren Schritten abgewogen, ver-

Tab. 5.3 Aktivitäten im Eventmanagement

	Planung	Organisation	Durchführung	Überwachung	Steuerung
Init	Festlegung des Events	–	–	–	–
Start	Planung	Aufgabenverteilung	–	–	–
Vorlauf	Feinplanung	Vorbereitung	Vorbereitung	Planüberwachung	Änderung Anpassung
Anlauf	Detailplanung	Vorlauf Anpassung	Aufbau	Planüberwachung	Eingriffe Änderung
Aktiv	–	Anpassung	Durchführung	Überwachung	Eingriffe
Nachlauf	–	–	Abbau, Nacharbeit	Auswertung	Kommunikation
Nachbereitung	Nächste Schritte		Abrechnung	Lehren ziehen	Strategisch

bindlich erklärt und dann kommuniziert. Gemäß der Formel SMART ist es auch notwendig, Erfolgskriterien zu formulieren.

Zielgruppe – Teilnehmer – Einladung mit Kernbotschaft Wenn die Ziele festgelegt sind, müssen unmittelbar danach die Teilnehmer (mwd) ausgewählt werden. Anzahl, Geschlecht, Religionszugehörigkeit, Herkunft, Alter, Erfahrung sind Kenngrößen, die bei der weiteren Planung wichtig sind. Mit der Einladung wird die Kernbotschaft vermittelt. Je genauer sie formuliert ist, desto besser wissen die Teilnehmenden, was sie erwartet und was von ihnen erwartet wird. Gerade bei Führungskräftetreffen sind diese Angaben hilfreich, wenn die Teilnehmer zum Beispiel selbst Präsentationen halten sollen.

Stakeholder – Kernpartner, Unterstützer/Nutzenbringer Im nächsten Schritt ist es sinnvoll, neben den Teilnehmenden die Stakeholder im näheren und weiteren Umfeld zu ermitteln. Stakeholder liefern wichtige Informationen und geben Anregungen für die Veranstaltung. Im engeren Umfeld befinden sich vorrangig jene, auf die sich die Entscheidungen und Aktivitäten des Business-Meetings oder -Events auswirken könnten oder die davon ausgehen, dass diese Aktivitäten die übergeordneten Ziele unterstützen. Eine Stakeholder- und Zielgruppenanalyse trägt dazu bei, Klarheit über die verschiedenen Anspruchsgruppen zu gewinnen.

Reihen Sie dann die restlichen Stakeholder nach den Auswirkungen, die Ihr Unternehmen auf sie ausübt, und dem potenziellen Einfluss, den diese auf das Unternehmen haben. Folgende Fragen unterstützen die weitere Analyse:

- Wer sind meine Stakeholder, Teilnehmer als Zielgruppe sowie direkte und indirekte Gruppen?
- Wie groß ist ihre Anzahl?
- Welchen Einfluss können sie nehmen?
- Welches Interesse können sie an der Veranstaltung haben?
- Welches Ziel der Veranstaltung ist für sie von größter Bedeutung?

Der Eventkern und Informationen zu den Teilnehmenden bestimmen den Rahmen eines Meetings oder Events. Zunächst muss geklärt werden, in welchem Format sich die Teilnehmenden treffen, digital/virtuell, physisch oder hybrid. Das Datum sowie die Dauer werden festgelegt. Erste Ideen für ein Rahmenprogramm können entwickelt werden. Außerdem ist bereits eine grobe Einschätzung des Budgets hilfreich.

Terminfestlegung Die Festlegung des Termins ist eine zentrale Aufgabe und der wichtigste Meilenstein. Hier gilt dasselbe wie bei den anderen Festlegungen:

> **Meilensteine als Synchronisierung** Für jede wichtige Entscheidung sowohl inhaltlich (Termin, Location, Sprecher, …) als auf vom Projektmanagement muss es einen Meilenstein bezüglich dieser Entscheidung geben:
> - DAVOR kann alles gedacht und diskutiert werden
> - DANACH ist eine Änderung nur mit Zustimmung der Verantwortlichen und unter Information aller Betroffenen möglich.

> **Ihr Transfer in die Praxis: Terminverlegung**
> Führen Sie eine Liste mit den Personen, die bei einer Terminverschiebung informiert werden müssen.

Veranstaltungsort (Location) Im nächsten Schritt kann der Veranstaltungsort ausgewählt werden. Dieser sollte zum Ziel und Veranstaltungsrahmen passen. Tagungsportale oder Hotelbuchungsagenturen oder Tourismusbüros helfen bei der Suche. Ein passendes Angebot ist online schnell zu generieren. Es lohnt sich, Angebote und Veranstaltungen aus den Vorjahren zu überprüfen oder im Kollegenkreis nach Empfehlungen zu fragen. Bereits vor der ersten Recherche müssen Sie wissen, ob außer dem Hauptsaal noch Gruppenräume für sogenannte "break-out-sessions" benötigt werden. Die Tisch- und Stuhlordnung ist maßgeblich für die Größe der Veranstaltungsräume, dazu dient ein Raumgrößenrechner (Hotelplanner, 2021). Wenn bereits bekannt ist, welche Veranstaltungstechnik notwendig ist, kann auch diese ein Auswahlkriterium für die Location sein (siehe Checklisten im Download-Bereich).

Mitwirkende – Organisationsteam Je nach Größe und Bedeutung der Veranstaltung arbeiten Sie auch mit anderen Abteilungen zusammen. Klären Sie frühzeitig, wer die Verantwortung für die Projektleitung hat, wer nur temporär unterstützt und wer dauerhaft bei der Organisation helfen kann. Sind Redner, Moderatoren oder Show Acts mit Künstlern vorgesehen, ist eine frühzeitige Planung empfehlenswert.

Ressourcen – personell, finanziell, sachbezogen Neben dem bereits erwähnten Organisationsteam unterstützen Kollegen aus anderen Abteilungen, wie zum Beispiel Einkauf und Beschaffung, Finanzen, Logistik, Marketing usw. Informieren Sie diese Kollegen frühzeitig über ihre Aufgaben, damit sie sich zeitliche Reserven einplanen können.

Sicherheit und Compliance Sind die zuvor genannten Komponenten geklärt, sollten umgehend Fragen zur Sicherheit und zu rechtlichen Vorgaben geklärt werden. Unter Compliance ist die Sammlung aller staatlichen Gesetze und Regeln sowie unternehmensinternen Richtlinien gemeint, an die sich alle Mitarbeitenden halten müssen. Findet das Meeting oder Event in einem anderen Land statt, müssen auch die dort geltenden gesetzlichen Vorgaben beachtet werden.

Zusammenfassung Aus dem Briefing, in dem die ersten Ideen gesammelt wurden, entsteht Schritt für Schritt eine Ideenskizze mit den Grundlagen. Diese Skizze wird bereits zu einem Grobkonzept ausgearbeitet. Sobald die Grundlagen festgelegt wurden, kann eine Vorlage für den Entscheidungsträger erstellt werden.

Die hier getroffenen inhaltlichen Entscheidungen können in den nachfolgenden Phasen nicht bzw. nur unter erheblichem Aufwand angepasst werden. Als Ergebnis dieser Phase bzw. als Meilenstein steht das Event selbst (die Strategie und die Durchführungsentscheidung) fest. Der Veranstalter, Projektleiter und sogar der Termin stehen fest.

Terminliche Festlegungen in der Initialisierungsphase sind bereits dann sinnvoll, wenn die Veranstaltung zu einem ganz bestimmten Zeitpunkt stattfinden soll. Normalerweise werden aber terminliche Festlegungen erst nach der Projektplanung am Ende der Startphase definiert.

Der erste Teil der SEDM (Abb. 5.3) ist entstanden. Mit der strategischen Ausrichtung der Veranstaltung, der Formulierung des Gesamtziels und den sich daraus entwickelnden Rahmenbedingungen sowie aus ihr hervorgehenden Komponenten entwickelt sich die Veranstaltung.

5.2.2 Detailplanung

In dieser Phase wird das Gesamtkonzept detailliert ausformuliert und spezifiziert. Als Ergebnis dieser Planung werden detaillierte Programm- und Inhaltsvorgaben sowie die Grundlage für die Rahmenorganisation, die notwendigen Ressourcen (Personal, Geld, Wissen, Infrastruktur) und Zeitpläne so genau wie möglich ausgearbeitet (Abb. 5.4). Der Ver-

Gesamtziel, Eventkern	Projektrahmen
Zielgruppe, Kernbotschaft	Stakeholder Kernpartner
Veranstaltungsinhalt	Branding, USP
Aktivierung	Veranstaltungsziel
Nachhaltigkeitsfoki	Umweltaspekte und Ressourcen
Sozioökonomische Aspekte, Kultur	Regionalentwicklung
BNE Aspekte	Kommunikationsziele
Informelle Bildung	Einbindung
Risiko Portfolio	Safety and Security
Compliance, Good practice	Stakeholderanalyse

Abb. 5.3 SEDM Teil Strategie

5 Klassische Veranstaltungsorganisation

Veranstaltungskern	Projektteam
Ressourcen	Stakeholdernutzen
Projektplan = Dreieck + WBS	Besuchernutzen
Einladung und Kommunikation	Location, Transport und Tourismus
Veranstaltungskomponenten vor Ort	Veranstaltungskomponenten Besucher
Nachhaltigkeitsaspekte Wirkung	Kommunikation und Marketing
Bildungsinhalte	Whole Institution Approach
Influencing, Nudging	Gestaltungskompetenzen
Externe Bedrohungen	Risiko durch Besucher
Interne Kommunikation	Externe Kommunikation

Abb. 5.4 SEDM Teil Planung

anstaltungsort sollte unter Berücksichtigung von Sicherheitsaspekten und Mobilität festgelegt sein.

Zusätzlich zur organisatorischen und inhaltlichen Struktur der Veranstaltung müssen Zuständigkeiten und Verantwortungsbereiche noch deutlicher definiert werden. Die Organisationsverantwortlichen müssen gemeinsam mit den Mitwirkenden, dem Organisationsteam und auch den Vortragenden, Rednern und Moderatoren die Verteilung der erforderlichen Rollen/Funktionen (eventuell auch Termine für die Wahrnehmung der einzelnen Rollen/Funktionen) im Detail ausarbeiten. Spielregelungen für die Kommunikation intern (Gesprächsführung, Berichterstattung) und extern (Sprecherfunktion oder Pressearbeit) müssen abgesprochen werden. Das Marketing unterstützt mit Druckmaterialien oder zum Beispiel Werbegeschenken (Giveaways). Ziele und Vision der Veranstaltung werden operativ umgesetzt.

Sind alle Fragen beantwortet, kann das Gesamtkonzept nach folgenden Kriterien strukturiert werden:

1. Ausgangslage
2. Idee/Motto

3. Ziele
4. Strategie/Positionierung
5. Zielgruppe/Teilnehmende
6. Organisation/Team
7. Aufgaben
8. Veranstaltungsort
9. Unterkunft
10. Verpflegung
11. Mobilität/Transport
12. Ablauf/Zeitplan
13. Budget
14. Controlling
15. Recht/Versicherung
16. Sicherheitsaspekte/Risikomanagement
17. Veranstaltungstechnik
18. Logistik/Bauten
19. Kommunikation
20. Marketing
21. Dokumentation
22. Evaluation

Die Abb. 5.5 zeigt den Eventkern, die wichtigsten Eckdaten einer Veranstaltung. Wenn der Eventkern feststeht, ergeben sich die Aufgaben in allen übrigen Bereichen.

In dieser Planungsphase entsteht ein ausgereifter Projektplan oder auch Masterplan genannt. Er enthält alle Teilprojekte und Arbeitspakete für jeden Tag von der Vorbereitung, während des Ablaufs und bis zur Nachbereitung des Events. Durch den Projektplan weiß das Organisationsteam, welche Aufgaben es zu leisten hat. Weitere Mitwirkende sind informiert, um bei der Veranstaltung zur Verfügung zu stehen.

Außerdem hält der Masterplan fest, wer für welche Aufgaben zuständig ist. Aus der oben aufgeführten Liste ist ersichtlich, dass mehrere Business-Funktionen des Unternehmens zumindest zeitweise in die Organisation eingebunden sind.

5 Klassische Veranstaltungsorganisation 111

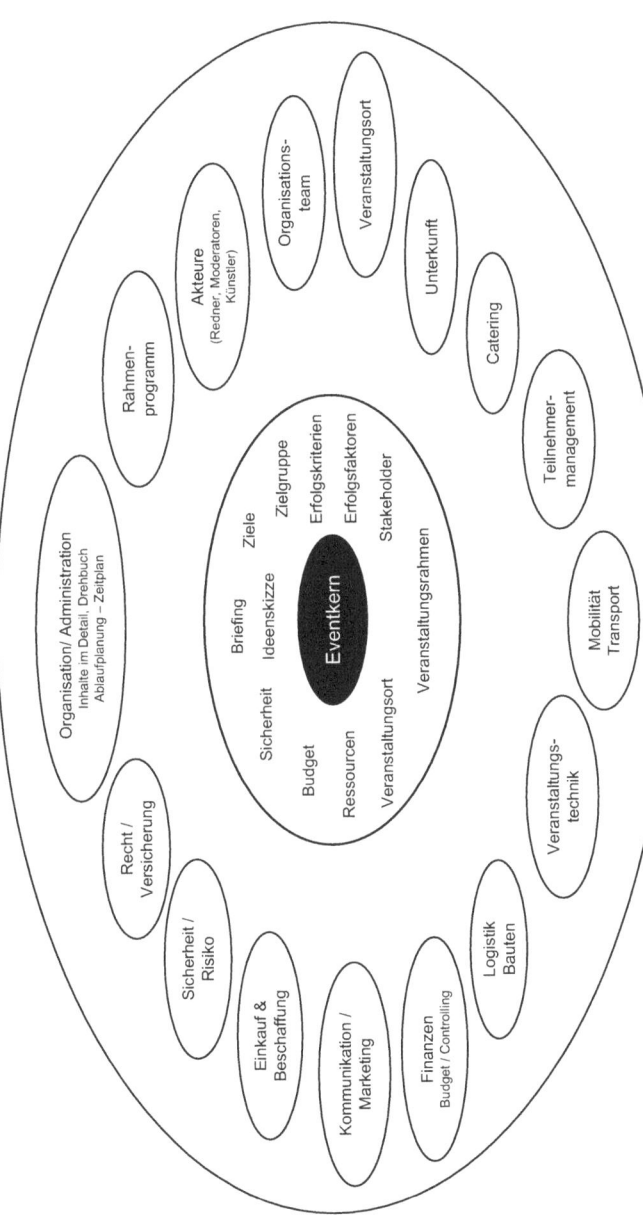

Abb. 5.5 Eventkern, Komponenten und Bereiche

- Einkauf und Beschaffung
- Finanzen
- Rechts- und Versicherungsabteilung
- Logistik
- Kommunikation
- Marketing
- Gesundheit, Arbeitsschutz, Sicherheit und Umweltschutz

Der Projektstrukturplan richtet sich meistens nach den Objekten oder der Struktur einer Veranstaltung und folgt dann jedoch einem zeitlichen Ablauf gemäß der sieben Phasen. Nach Abschluss dieser Planungsphase wird die endgültige Entscheidung getroffen, ob die Vorbereitung der Veranstaltung fortgeführt und die operative Phase eingeleitet werden kann.

Durch die Sustainable Event Design Matrix SEDM (siehe Tab. 4.1, 4.2 Abb. 4.2 Abb. 5.3 Abb. 5.4) können wir sicher sein, dass alle Komponenten abgedeckt sind.

5.2.3 Vorbereitung

In der Vorlaufphase zum Event beginnen die eigentlichen Vorbereitungen und die Umsetzung der Projektplanung. Die zur Durchführung des Events notwendigen Maßnahmen (z. B. Verträge mit Unterkunft und Veranstaltungsort abschließen, ggfs. Zimmerkontingent vorhalten, Teilnehmer einladen, Werbemaßnahmen wie Give-aways, Prospekte, Ständer usw.) sollten vorbereitet werden. Evtl. müssen weitere Angebote für externe Vergaben eingeholt, geprüft und Aufträge vergeben werden. Grundlegende Änderungen am Event selbst oder an der gesamten Organisationsstruktur sind in dieser Phase kaum mehr möglich. Das ist dann der Fall, wenn zum Beispiel Verträge mit dem Hotel abgeschlossen werden, Teilnehmende eingeladen werden und ihre Reise buchen oder der Vertrag für die Location definitiv bestätigt wird.

Des Weiteren werden innerhalb dieser Phase, wenn notwendig, über das Projektcontrolling die entsprechenden steuernden Maßnahmen eingeleitet. Am Ende dieser Phase steht der sogenannte „point of no return", da jetzt Änderungen an der Planung entweder nicht mehr oder nur in Verbindung mit einem enormen Kostenaufwand möglich sind.

Teilnehmer-/Besuchersicht **Information, Planung und Vorbereitung.** Bereits während dieser Phase werden die Teilnehmenden informiert. Diese Information ist je nach Veranstaltung auch zu einem früheren Zeitpunkt möglich und auch notwendig. Veranstaltungen mit größerer Tragweite werden als Teil der Jahresplanung meist im Intranet angekündigt oder sogar extern publiziert. Interne Meetings können durch eine "Save-the-date"-Nachricht über den elektronischen Kalender verschickt werden. Wenn Sie jedoch nur eine Kalendereinladung mit den Rahmendaten für Titel, Datum, Dauer, Ort, versenden, verschenken Sie wertvolle Chancen. Nutzen Sie auch die Vorabankündigung, um den Anlass zu einem Erlebnis zu machen, dabei ist es ganz gleich, ob es sich um ein Führungskräftetreffen, ein Board-Meeting oder eine Kick-off-Meeting handelt. Und richtig, bei einer Veranstaltung mit negativem Inhalt, zum Beispiel die Begleitung einer Transformation, die auch massive Veränderungen beim Personal und der Organisation mit sich bringt, handelt es sich nicht um ein freudiges Erlebnis. Dennoch kann auch mit einer positiven Sprache schon bei der ersten Einladung, die Bereitschaft zur Mitarbeit bei dieser Transformation unterstützt werden. Während dieser Zeit haben die Teilnehmer bereits Zeit, ihre Reisevorbereitungen entweder allein oder mithilfe der Veranstaltungsorganisation zu treffen.

5.3 Durchführungs-/Realisierungsphase

Siehe Abschn. 3.4 und (Holzbaur et al. 2010).

5.3.1 Anlauf (Operative Durchführung I)

Innerhalb der Anlaufphase des Events werden die notwendigen Aufbauarbeiten vor Ort durchgeführt und die Maßnahmen zum geregelten

Hochlaufen der Veranstaltung ergriffen. Referenten- und Moderatoren-Briefings, Team-Besprechungen, das Einrichten eines Empfangs (Hospitality-Desk) sind wichtig, um letzte Details abzustimmen. Prüfen Sie, ob alle Personen, die präsentieren oder agieren, den Veranstaltungsort rechtzeitig erreichen und ob die Veranstaltungstechnik funktioniert.

Ein administratives Notfall-Set sollte immer dabei sein. Es beinhaltet die Kontaktnummern des Organisationsteams, der Moderatoren, Lieferanten und Dienstleister, der VIP-Vorgesetzten sowie die Erste-Hilfe-Nummern vor Ort. Je nach Größe und Anlassart kann es notwendig sein, spezielle Sicherheitskräfte oder Mitarbeiter der Feuerwehr vor Ort zu haben. „Dabei" bedeutet auch, die Liste in ausgedruckter Form vorliegen zu haben, und nicht nur auf einem Server.

Teilnehmer-/Besuchersicht Die Teilnehmenden reisen an. Je nach Anlass ist bereits das informelle "Get-together" am Vorabend einer Veranstaltung die Möglichkeit, um Beziehungen zu pflegen; zum Beispiel kann der Veranstalter einen informellen Empfang anbieten. Wird die Unterkunft zentral über die Veranstaltungsorganisation gebucht, bietet es sich an, mit einem Willkommensgruß jeden Teilnehmenden persönlich zu begrüßen und zu motivieren. Werbegeschenke (Give-aways) können, insbesondere wenn sie mit dem Anlass zusammenhängen und wenn sie nachhaltig sind, eine positive Grundstimmung erzeugen.

Diese Phase endet mit dem Meilenstein „doors open", also mit dem offiziellen Beginn der Veranstaltung.

5.3.2 Aktiv (Operative Durchführung II)

Die Aktivphase beschreibt den eigentlichen Ablauf der gesamten Veranstaltung, beginnend mit der Eröffnung und der Begrüßung der Teilnehmer und Zuschauer über die gesamte Veranstaltungsführung bis hin zum Schließen des Events, wenn der letzte Besucher das Gelände verlassen hat. Erst in dieser Phase wird deutlich, ob das Projekt ausreichend gut geplant worden ist und ob die zuvor getroffenen Entscheidungen richtig waren. Das Ende dieser Phase wird vom offiziellen Schluss der Veranstaltung gekennzeichnet.

Teilnehmer-/Besuchersicht Die Teilnahmephase ist „das Event" oder „das Meeting" und bildet den Kern des Veranstaltungsmanagements. In der Teilnahmephase wird das Event am intensivsten erlebt, und die Aktionen werden durchgeführt. Breakout-Sessions sowie Anwendungen spieltypischer Elemente (gamification), aber auch wohldosierte und gut geplante Pausen führen zur Interaktion der Teilnehmenden und tragen dazu bei, die Ziele der Veranstaltung zu erreichen.

In dieser Phase erleben Sie den unmittelbaren Kontakt zu Ihrer Zielgruppe. Auf diese Phase haben Sie intensiv hingearbeitet. Dieser Zeitraum bietet die Gelegenheit, alles, was geplant wurde, zum Erfolg zu bringen.

5.4 Abschlussphase

> Erfolgssicherung – das Netz zumachen.

5.4.1 Nachlauf

Die Nachlaufphase beschreibt sämtliche Aktivitäten vor Ort nach dem offiziellen Ende der Veranstaltung. Hierzu gehören normalerweise der Abbau, Abtransport und die Rückgabe des Equipments. Das Ende dieser Phase wird durch die Beendigung sämtlicher Aktivitäten mit einer Verabschiedung vor Ort symbolisiert.

Teilnehmer-/Besuchersicht: In der Rückreisephase werden Erinnerungen verarbeitet und Informationsmaterial wird gesichtet oder weggeworfen. Eine (zumindest teilweise) gemeinsame Rückreise der Teilnehmer kann Erinnerungen auffrischen und das Gemeinschaftsgefühl stärken. Die Rückreisephase kann analog der Anreisephase geplant sein.

5.4.2 Nachbereitung

In die Nachbereitungsphase fallen u. a. der Abschluss der Finanzen mit der Budgetkontrolle, die Evaluation, das Einholen und Auswerten von Rückmeldungen, auch von den Mitwirkenden, die Dokumentation des Gesamtprojektes, Würdigung der Beiträge (Danksagungen an Teilnehmende, Organisationsteam, Lieferanten) und die Erfolgskontrolle mit der Frage: „Haben wir alle unsere Ziele erreicht?" Der Abschlussbericht wird formal an den Veranstalter bzw. Auftraggeber überreicht. Die Unterlagen werden archiviert, überflüssige Dokumente oder Dateien können, sofern sie keiner Aufbewahrungspflicht unterliegen, vernichtet werden. Mit dem Ende der Nachbereitungsphase ist das Gesamtprojekt Veranstaltung abgeschlossen.

5.4.3 Abschließende Kommunikation

In der Nachbereitung entscheidet sich der Erinnerungswert sowie der Bildungs- und Motivationseffekt der Veranstaltung. Da hier der Einfluss des Veranstalters gering ist, muss diese Phase durch die vorangegangenen Phasen gut vorbereitet sein.

Hier kommunizieren die Besucher auch über Social Media untereinander und mit dem Veranstalter. Folgeentscheidungen werden getroffen, gemäß dem Motto: „Nach dem Event ist vor dem Event."

Ein Fragebogen zur Evaluierung der Veranstaltung gibt Gelegenheit nachzufragen, ob alles rund gelaufen ist. Sie bietet auch dem Teilnehmer das Gefühl, dass seine Meinung wichtig ist. Es ist selbstredend, dass Veranstalter und Organisator bei besonders kritischen Kommentaren aktiv reagieren.

Zusammenfassend zeigt Tab. 5.4 die unterschiedlichen Kommunikationsmöglichkeiten zum Abschluss einer Veranstaltung.

Tab. 5.4 Kommunikation nach der Veranstaltung

	Meeting intern	Meeting extern	Schulung	Event
Teilnehmer	Protokoll	Protokoll Fotos	Schulungsunterlagen	Erinnerungen, Fotos
Team	Dank/ Feedback	Dank/ Feedback	Dank/ Feedback	Dank/ Feedback
Führungskräfte	Ergebnisse	Ergebnisse		Bericht/ Pressespiegel
Firmenintern	Ergebnisse	In Absprache		Bericht
Stakeholder	Ergebnisse	In Absprache		
Öffentlichkeit				Presseberichte/ PR
Lieferanten	Dank/ Feedback	Dank/ Feedback	Dank/ Feedback	Dank/ Feedback

5.5 Zusammenfassung

Die Planung, Organisation und Durchführung verlaufen in mehreren Phasen. Je nach Umfang der Veranstaltung ist eine umfangreichere Vorbereitung notwendig. Die Abbildung "Sieben Phasen für einen Business-Event. Meilensteine" markieren wichtige Etappen während Planung und Durchführung. Diese Zwischenziele garantieren einen kontrollierten Ablauf. Sie verhindern, dass die Organisation aus dem Ruder läuft. Die Abb. 5.6 und Abb. 5.7 zeigen den zeitlichen Ablauf in den sieben Phasen. Deutlich erkennbar ist, dass in Planungsphase I alle Komponenten und Funktionen einer Veranstaltung angesprochen und im weiteren Verlauf der Planung ausgearbeitet werden.

Der Ablauf der Veranstaltung aus Organisations- und Teilnehmersicht verläuft zeitlich versetzt Abb. 5.8 und Abb. 5.9.

> **Ihr Transfer in die Praxis**
> - Wenn Sie eine Veranstaltung planen, nutzen Sie die Tab. 5.1 „Planung Phasen und Meilensteine im Eventmanagement".
> - Reflektieren Sie anhand der Tab. 5.2: „Aktivitäten im Eventmanagement" alle bisher geleisteten und noch anstehenden Aufgaben.

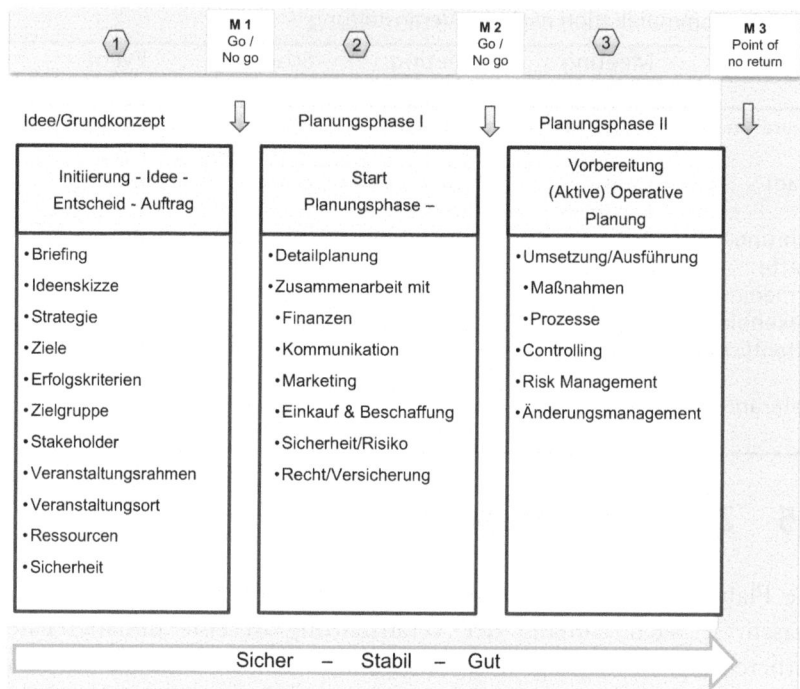

Abb. 5.6 Phasenkonzept für ein Business-Event – Phasen I bis II

5 Klassische Veranstaltungsorganisation

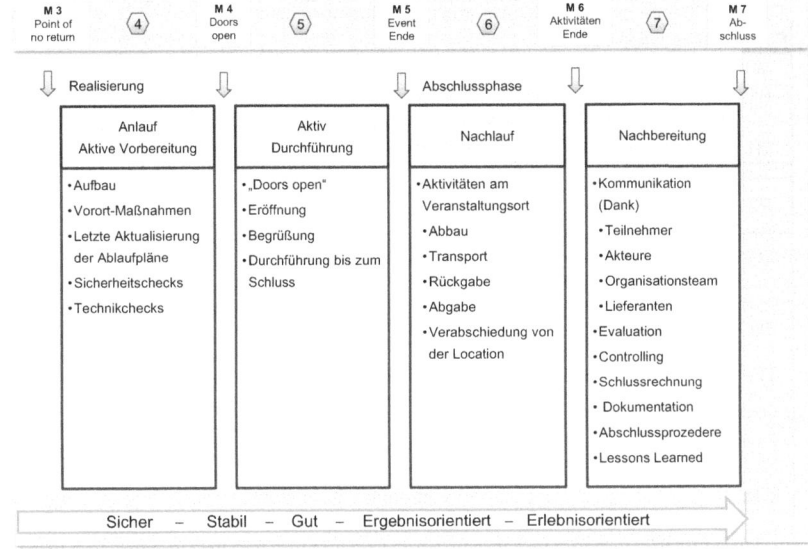

Abb. 5.7 Phasenkonzept für ein Business-Event – Phasen III bis VII

Tab. 2.1 Phasen und Meilensteine aus Organisationssicht

Phase, Meilenstein		Inhalt
M0	Idee	Idee des Events wird geboren
P1	Init	Initialisierungsphase
M1	go/nogo	Entschluss, das Event zu veranstalten, interne Bekanntgabe
P2	Start	Planungsphase, Aufgabenverteilung, Teambildung, Grobplanung
M2	goon/stop	Entscheidung für die Vorbereitung (oder den Abbruch), Mittelfestlegung
P3	Vorbereitung	Feinplanung, Vorbereitung und Organisation des Events, Einladungen
M3	point of no return	Start der Anlaufphase Aktivierung und Abrufen der Planung
P4a	Anlauf	Hochlaufen des Events, Anreise, Aufbau, Anlieferung
M4a		Location ist vorbereitet, alles steht
P4b	Test Run	Finaler Check, finale Absprachen mit Team, Moderatoren, Rednern, Technik, Mitarbeiter der Location
M4	doors open	Start des Events, Öffnung der Location
P5	Aktiv	Ablauf des Events von Eröffnung bis Schließung
M5	Event-Ende	Ende des Events, offizieller Schluss, Verlassen des Geländes
P6	Nachlauf	Beendigung des Events, Abbau, Rückgabe, Rückreise
M6	Beendigung	Schluss der Aktivitäten, Rechnungsschluss (soweit möglich)
P7	Nachbereitung	Abschließende organisatorische Arbeiten
M7	Projektende	Projekt abgeschlossen

Abb. 5.8 Phasen und Meilensteine aus Organisationssicht

Phasen und Meilensteine aus Teilnehmersicht		
Phase, Meilenstein Inhalt		
M0	Info	Kenntnis vom Event oder Teilnahmewunsch
P1	Init	Initialisierung, Information, Entscheidungsphase
M1	Interesse	Entschluss, teilnehmen zu wollen
P2	Planung	Planungsphase, Grobplanung und Konzeption
M2	go on/stop	Definitive Entscheidung für die Teilnahme
P3	Feinplanung:	Vorbereitung und Organisation
M3	point of no return	Festlegungen, Buchung
P4a	Anreise	Anreise
M4a	Ankunft	Ankunft am Eventort
P4b	Aufenthalt	Aufenthalt, Vorbereitung, Warten
M4	Beginn	Eintritt beim Event bzw. Eröffnung des Events
P5	Teilnahme	Ablauf des Events vom Eintreten bis zum Verlassen bzw. von der Eröffnung bis zur Schließung
M5	Ende	Ende des Events bzw. Verlassen des Events
P6a	Aufenthalt	Aufenthalt, Warten
M6a	Abreise	Verlassen des Eventorts
P6b	Rückreise	Rückreise
M6	Beendigung	Schluss der Teilnahmeaktivitäten
P7	Nachbereitung	Auswertung, Finanzieller Abschluss
M7	Projektende	Projekt abgeschlossen

Abb. 5.9 Phasen und Meilensteine aus Teilnehmersicht

Literatur

Hinweis: Für unsere Leser (mwd) haben wir Planungshilfen, z. B. Checklisten, erstellt. Diese Vorlagen können und sollten Sie für Ihre jeweilige Veranstaltung anpassen. Sie finden diese auf unserer Website www.sustainable-event.management.

Holzbaur, U., Jettinger, E., Knauß, B., Moser, R., & Zeller M. (2002^1, 2010^4) Eventmanagement, Springer.

Internet-Quellen

HotelPlanner. (2021). Raumgrößenrechner für Tagungs- und Bietträumlichkeiten. Zugegriffen: 10. März 2021.

6

Meetings und Events nachhaltig organisieren

> **Was Sie aus diesem Kapitel mitnehmen**
>
> - Sie lernen den Prozess zu einer nachhaltigen Veranstaltung kennen.
> - Sie lernen, mithilfe der SDGs (Sustainable Development Goals) und der AIM (Action-Impact-Matrix), siehe Abschn. 2.3, Basisentscheidungen in den operativen Handlungsfeldern einer Veranstaltung in Bezug zu Wirkungskategorien zu setzen, und aus diesen Zielsetzungen Einzelziele und Maßnahmen abzuleiten.
> - Sie erfahren, wie Nachhaltigkeitsbemühungen einer Veranstaltung bewertet werden können.

Die klassische Veranstaltungsplanung, die wir mit der SEDM (Sustainable Event Design Matrix) aus strategischer und organisatorischer Perspektive vorgenommen haben, wird durch die Komponenten des nachhaltigen Veranstaltungsmanagements ergänzt. Aus strategischer Sicht müssen Veranstalter (mwd) und Organisatoren festlegen, auf welche Teile der Nachhaltigkeit ein besonderer Fokus gelegt werden soll. Dabei werden sozioökonomische Aspekte, Umweltaspekte und Ressourcen sowie die Entwicklung der Region berücksichtigt. Das Organisationsteam beachtet alle Veranstaltungskomponenten vor Ort sowie die der Teilnehmenden.

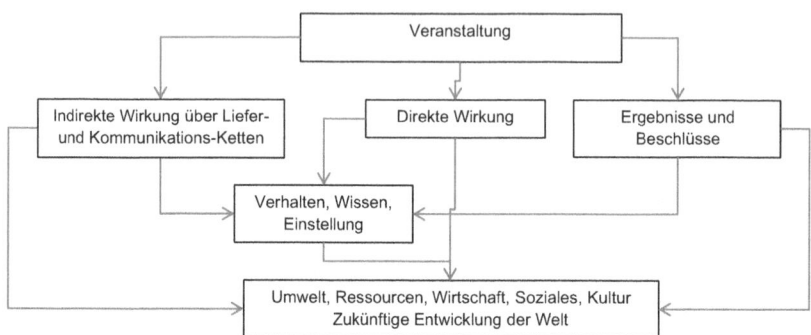

Abb. 6.1 Wirkungsketten von Veranstaltungen auf die Nachhaltigkeit

Im Vordergrund dieser Betrachtung steht die Wirkung (Abb. 6.1) von Nachhaltigkeitsaspekten, die von Kommunikation und Marketing begleitet werden.

> **Für ganz Eilige** Wenn Sie gleich durchstarten müssen – nehmen Sie ein Blatt Papier und beantworten Sie die folgenden Fragen:
> 1. Wer will eigentlich was mit der Veranstaltung erreichen?
> 2. Wie soll die Veranstaltung aussehen?
> 3. Welche Aspekte der Nachhaltigkeit wollen wir fördern?
> 4. Welche Aspekte der Nachhaltigkeit bereiten Probleme?
> 5. Welche Unterstützung brauche und bekomme ich?
> 6. Welche Termine sind wichtig?
> 7. Wen muss ich wann ansprechen?

6.1 Komponenten und Tools

Die Einführung kann in mehreren Schritten vollzogen werden. Als Veranstaltungsformat bieten sich Workshops an, in denen alle Beteiligte mitwirken. Folgende Komponenten sind dabei zu beachten:

Inhalt, Umfang und Geltungsbereich (scope of event) Der Scope kann bereits in der ersten Planungsphase festgelegt werden. Es muss darauf geachtet werden, dass die Nachhaltigkeitsziele nicht den strategischen

Zielen der Veranstaltung selbst widersprechen. Dabei hilft die Sustainable Event Design Matrix SEDM (Abschn. 4.3).

Action-Impact-Matrix AIM Anschließend können die Handlungsfelder der Veranstaltung mithilfe der Action-Impact-Matrix (Aktionsbereiche-/Wirkungsbereiche) identifiziert werden. Auch hier muss jeweils der Geschäftszweck beachtet werden.

Priorisierung der Handlungsfelder und Zieldefinition (turning issues into objectives) Anschließend werden die ausgewählten Handlungsfelder in einer Rangfolge priorisiert, Chancen und Risiken in jedem Handlungsfeld identifiziert. Aus den Handlungsfeldern werden Ziele abgeleitet und es wird festgelegt, wie diese Ziele überwacht, gemessen, analysiert und bewertet werden.

In einer Sitzung oder einem Workshop können somit Schritt für Schritt die Handlungsfelder bestimmt und Ziele, Maßnahmen sowie Messgrößen oder Indikatoren festgelegt werden.

Rahmenbedingungen – Sicherheit Weiterhin ist zu prüfen, welche rechtlichen Rahmenbedingungen für das Unternehmen und damit auch für die Veranstaltung gelten (Verweis auf Abschn. 1.5.2). Mission, Vision und Leitbild sollten in Bezug zu einer Nachhaltigkeitsstrategie stehen. Leitprinzipien für nachhaltige Entwicklung sollten in ihr verankert sein.

Hinterlassenschaften – Abbau – Resteverwertung Je nach Veranstaltungsart muss bereits zu Beginn geklärt werden, wie mit den Hinterlassenschaften einer Veranstaltung verfahren wird. Dabei kann es sich um Flyer, Plakate, Bauten handeln, die nur für den Anlass hergestellt wurden; aber auch der Umgang mit Essensresten, Wertstoffen und Abfall sind zu klären.

Stakeholder-Identifikation und -analyse Keine Veranstaltung ohne Beteiligte und Mitwirkende. Die Stakeholder-Identifikation ist im ersten Schritt zu leisten. Hierzu gehören …

- Veranstalter, Auftraggeber der Veranstaltung

- Organisator der Veranstaltung
- Mitwirkende, beteiligte Personen, Veranstaltungsteam
- Mitarbeitende anderer Abteilungen
- Belegschaft insgesamt
- alle Mitarbeitende aus der Lieferkette
- Teilnehmerinnen und Teilnehmer
- Aufsichtsbehörden
- Öffentlichkeit

Kommunikation Kommunikation ist ein wichtiges Mittel, alle Stakeholder in dem Prozess der nachhaltigen Veranstaltung einzubeziehen. Ohne eine ausreichende Information ist es kaum möglich, die Stakeholder zur Mitwirkung zu motivieren.

Fortwährende Planung und Kontrolle Während die Veranstaltung weiterhin geplant wird und bereits auch schon die aktive, operative Phase beginnt, nimmt auch der Prozess der nachhaltigen Veranstaltung Gestalt an. Die Nachhaltigkeitsstrategie und deren Richtlinien sind formuliert. Nachhaltigkeitsziele der Veranstaltung, wie man sie erreicht und was erzielt worden ist, sind durch einen Prozess der operativen Planung und Kontrolle erfasst.

Ressourcen Es gibt eine Übersicht aller Ressourcen, Personalkompetenz, Ausbildung, Infrastruktur, Technik, Finanzen. Kompetenz- und Schulungsanforderungen sind sichergestellt. Veranstaltungsorganisatoren sollten sich bemühen, mit allen Ressourcen sparsam umzugehen. Das Prinzip der fünf "R" lässt sich in allen Bereichen der Wertschöpfungskette anwenden:

> **Die fünf "R" bedeuten**
> - Reject: Lehne ab, was nicht wirklich gebraucht wird.
> - Reduce: Reduziere auf das Notwendige.
> - Reuse: Benutze Materialien wieder, wenn möglich.
> - Recycle: Wiederverwerte alles, was möglich ist.
> - Rot: Kompostiere alles Übrige.

Schulungen – Bildung Ein Konzept zur Schulung der Wahrnehmung von Nachhaltigkeit bei Veranstaltungen wurde entwickelt. Die Dokumentation aller Bemühungen um nachhaltige Entwicklung ist gewährleistet.

In der Abschlussphase der Veranstaltung erfolgt auch die letzte Phase des Prozesses der nachhaltigen Veranstaltung. Es gilt, den aktuellen Stand durch ein internes Audit zu erreichen. Die Dokumentation umfasst den Fortschritt der Umsetzung, den Nutzen der Veranstaltung. Weitere Kommunikationsmaßnahmen tragen zum Stakeholder-Engagement bei.

Management der Lieferkette Das Management der Lieferkette erfährt besondere Beachtung. Schließlich spielt sie für die Handlungsfelder eine wichtige Rolle.

Bewertung – Sustainable Event Assessment, CO_2-Rechner und weitere Kennzahlen Zuletzt werden alle Maßnahmen bei den ausgewählten Handlungsfeldern nochmals gemessen, analysiert und bewertet. Die Emissionen können durch einen CO_2-Rechner erfasst und schließlich kompensiert werden.

Kontinuierlicher Verbesserungsprozess Der gesamte Prozess der nachhaltigen Veranstaltung wird durch den kontinuierlichen Verbesserungsprozess untersucht und daraus werden ggf. Verbesserungsvorschläge abgeleitet.

Die Abteilung Einkauf & Beschaffung wird in der Regel miteinbezogen, wenn mit dem Anbieter (mwd) des Veranstaltungsorts sowie der Unterkunft ein Vertrag ausgehandelt werden soll. In kleineren und mittelständischen Unternehmen verfügen die Organisationsverantwortlichen über mehr Kompetenzen. Aber wenn es um firmenweite Entscheidungen geht, bietet es sich an, auf die Kompetenzen der einzelnen Abteilungen zurückzugreifen und um Unterstützung zu bitten:

- Einkauf und Beschaffung für das Management der Lieferkette
- Kommunikation und Marketing für die optimale Vermittlung und Bewerbung

- Finanzabteilung und Controlling für Unterstützung bei Kosten, Kalkulation und Kontrolle bei umfangreichen Veranstaltungen
- Logistik-Abteilung für die Unterstützung bei größeren Transporten oder Aufbauten
- Personalabteilung für Schulungen oder die Reiseorganisationen

Über alle Handlungsfelder hinweg stehen die **Rechtsabteilung**, das **Umweltmanagement**, die Abteilung, die für **Sicherheit** verantwortlich ist, und die **IT-Abteilung**. Diese Abteilungen bieten Unterstützung bei allen Fragen rund um die sicherheitsrelevanten, ökologischen, rechtlichen und informationstechnischen Belange.

6.2 Initialisierung – Vorbereitung nachhaltiger Entwicklung

Aus einer Idee, aus ersten Recherchen und deren Ergebnissen formt sich die Idee für die Veranstaltung, in die bereits die Unternehmensstrategie einfließt. Der Projektumfang (scope) sowie Projektrahmen werden umrissen. Die wichtigsten Stakeholder, das Umfeld und der Teilnehmerkreis werden definiert. Auch personelle Ressourcen wie das Projektteam und die Projektleitung werden überdacht. Kurz, das Projektdesign der SEDM nimmt hier schon Gestalt an.

Sobald diese erste Phase stattgefunden hat und zusätzlich zur klassischen Veranstaltungsplanung auch ein nachhaltiges Veranstaltungsmanagement eingeführt werden soll, ist eine intensive Beschäftigung mit dem Thema notwendig. Hierzu eignen sich ein Leitfaden, Fortbildungen oder man nimmt eine Beratung in Anspruch.

6.3 Planung und Durchführung

Nach der Initiierungsphase folgt die Planung des Business-Meetings oder -Events. Wenn der Eventkern entwickelt ist, wenn Inhalte, Rahmenprogramm festgelegt, das Organisationsteam, Mitwirkende sowie alle übrigen Stakeholder identifiziert wurden sowie die übrigen Veranstaltungskomponenten (Location, Unterkunft, Anreise, Catering etc.) bekannt sind, können Zeit-, Ablauf- und Finanzpläne aufgestellt werden. Damit ist auch das Ausmaß für Sicherheits- und Risikoeinschätzung möglich. Für die Sustainable Event Design Matrix (SEDM) ist der Grundstein gelegt. Das Veranstaltungskonzept ist definiert, die Detailplanung steht.

Dies ist der ideale Zeitpunkt, um den Prozess der nachhaltigen Veranstaltung anzustoßen. Ansprechpartner aller Abteilungen, die entlang der Wertschöpfungskette betroffen bzw. in irgendeiner Weise involviert sind, werden in diesen Prozess einbezogen. Dies kann durch einen bzw. mehrere Workshops erfolgen.

Je nach Ziel, Umfang und Bedeutung der zu planenden Veranstaltung werden diese Workshops in verschiedenen Phasen durchgeführt. Zunächst werden alle direkt und indirekt Mitwirkenden eingeladen, um Aspekte der nachhaltigen Entwicklung zu realisieren. Anhand der Veranstaltungsstruktur entscheiden die Organisatoren und der Veranstalter, welche Handlungsfelder für die nachhaltige Entwicklung ausgewählt werden. Mithilfe der Action-Impact-Matrix (AIM) können Handlungsfelder der Veranstaltung identifiziert und Zielsetzungen abgeleitet werden. Die Zielsetzung in einem Handlungsfeld sollte dem Geschäftszweck bzw. den Zielen der Veranstaltung nicht im Wege stehen. Ziele sollten gemäß der Formel SMART spezifisch, messbar, erreichbar, realistisch und zeitgebunden formuliert werden. Indikatoren und Kennzahlen tragen zu einer einheitlichen Bewertung bei und stehen für ein Benchmark zur Verfügung.

Beispielhaft betrachten wir in Abschn. 6.5 einzelne operative Handlungsfelder und definieren die Zielsetzung sowie Einzelziele. Für jede Maßnahme, die ergriffen wird, sollte auch ein „Indikator" bzw. eine Kennzahl bestimmt werden, damit die Ergebnisse oder der Erfüllungsgrad des jeweils angestrebten Ziels bewertet werden können. Die Veranstaltungsorganisation verpflichtet sich, diese Ziele zu erfüllen bzw. so gut wie möglich zu erreichen. Mit Indikatoren und Kennzahlen kann die Leistung nachhaltiger Maßnahmen anschließend bewertet und verglichen werden.

Während dieser aktiven Vorbereitung und Umsetzungsphase entstehen direkte und indirekte Umweltauswirkungen, aber auch wirtschaftliche und soziale Wirkungen durch Verbrauch (Verzehr) von Waren und Inanspruchnahme von Dienstleistungen. Die stärkste Möglichkeit für die emotionale Ansprache der Zielgruppe im Sinne der Bildung für ein nachhaltiges Bewusstsein bzw. nachhaltige Entwicklung ist in diesem Zeitraum gegeben. Wer mit Event-Apps arbeitet, kann mit kleinen Botschaften („Nudge") motivieren.

6.4 Controlling beginnt bereits bei der Planung

Bereits in der ersten Phase der klassischen Veranstaltungsplanung und spätestens dann, wenn Nachhaltigkeit ein Bestandteil des Veranstaltungskonzepts wird, setzt das Controlling ein.

> **Controlling** ist nicht nur auf die Kontrolle beschränkt. In einem weiteren Verständnis hat es zwei weitere Funktionen: die der unterstützenden Führung und die der Information. Wenn keine Informationen vorliegen, kann logischerweise auch keine Korrektur oder Anpassung vorgenommen werden. Die zentrale Aufgabe des Controllings ist es daher, Informationen für die Plan-/Ist-Zahlen bzw. den geplanten Zielerreichungsgrad zu liefern.

Mit der Entscheidung für bestimmte Handlungsfelder, die Ableitung von Zielsetzungen, Zielen und Maßnahmen, erschließen sich verschiedene Methoden, um Key Performance Indicators (KPIs) festzulegen. Die Veranstaltung kann aus drei Perspektiven analysiert werden:

a. der klassischen Veranstaltungsorganisation und ihren unternehmerischen Zielen
b. der nachhaltigen Veranstaltungsorganisation und
c. der Teilnehmerperspektive, mit der ein Blick von außen gelingt.

Wir können die Sichtweisen bei Bedarf und je nach Anlass einer Veranstaltung noch erweitern, indem wir wie in Tab. 6.1 die Auftraggebersicht, die Organisationssicht und Mitarbeitersicht gesondert betrachten.

Tab. 6.1 Veranstaltungsziele

	Unternehmerische Ziele	Nachhaltige Ziele	Ziele aus Teilnehmersicht
	Auftraggebersicht, Organisationssicht und Mitarbeitersicht		
Strategisch	Ziele der Veranstaltung werden von Mitarbeitenden und Mitwirkenden angenommen und im Leitbild verankert. Es geht darum: Entscheidungen zu fällen, Problem-/Konflikte zu lösen, Kommunikation zu pflegen, Identifikation zu stiften, Kompetenzen zu erweitern	Handlungsfelder fördern den Zweck der Veranstaltung	Identifikation mit den Veranstaltungszielen und Nachhaltigkeitszielen; Teilnehmer-Fazit: „Ich bin dabei, dafür…"
Stabil	Vorbereitung und Durchführung optimal; Prozesse verlaufen einwandfrei; Störungen werden behoben; Ressourcen sind in ausreichendem Maß vorhanden	Maßnahmen zur Erreichung der Nachhaltigkeitsziele unterstützen auch die Organisationsabläufe der Veranstaltung	Veranstaltungsablauf problemlos, keine Störungen oder Beeinträchtigungen

(Fortsetzung)

Tab. 6.1 (Fortsetzung)

	Unternehmerische Ziele	Nachhaltige Ziele	Ziele aus Teilnehmersicht
Erlebnis-/ Ergebnisreich	Kommunikation unterstützt auf eine positive bzw. konstruktive Weise. Ablauf ist auf die Betonung von Ergebnissen und Erlebnissen ausgerichtet		Teilnahme am Event/Meeting hat nicht nur „etwas gebracht", sondern hinterlässt einen „nachhaltigen Eindruck"
Sicher	Vermeidung negativer Einflüsse und Störungen; Sicherheitspläne und Risikomanagement optimal vorbereitet und jederzeit einsatzbereit	Nachhaltige Entwicklung impliziert ein vorausschauendes, auf Sicherheit bedachtes Verhalten	Keine Gefährdungen für Mensch und Umwelt wahrnehmbar
Nachhaltig	Maßnahmen zur Erreichung der Nachhaltigkeitsziele unterstützen auch die Organisationsabläufe der Veranstaltung	Nachhaltigkeitsziele hinterlassen einen „impact", der zu mehr „sustainable awareness" führt	Bemühungen der Organisatoren für nachhaltige Entwicklung werden wahr- und angenommen

Tab. 6.2 Ersparnis Emissionen CO_2 bei Optimierung des Veranstaltungsorts pro Person/Tag*

Zug und Flug optimiert	Wahl der Unterkunft	CO_2-Emission über drei Tage
3,98 t CO_2-eq	0,53 t CO_2-eq	4,51 t CO_2-eq

* Die Berechnungen wurden mit dem CO_2-Rechner der Firma ECOSPEED AG, Zürich, vorgenommen. Wir danken für die Bereitstellung des Tools.

6.4.1 Klassische Kennzahlen

Die unternehmerischen Ziele sind sinnstiftend für die Veranstaltung. Die Sustainable Event Design Matrix (SEDM) liefert uns das Fundament für die Fragen nach dem Erfolg. Wir setzen das Budget (Plan/Ist) in Relation zu Komponenten unserer Veranstaltung und stellen Fragen zu den Zielen, Methoden, Prozessen sowie Personen, ihren Rollen, Aufgaben und Kompetenzen.

Controlling beginnt bereits während der Planung. Im Grunde können wir aus der SEDM eine umfangreiche Liste an qualitativen und quantitativen Fragen erstellen. Sie betreffen nicht nur die wirtschaftlichen Aspekte, sondern auch die sozialen Komponenten. Alle entscheidenden Erfolgsfaktoren sollten adressiert werden.

Aus der Fülle der Fragen sollte ein praktikabler Fragebogen erstellt werden, der dem Zweck der Veranstaltung angemessen und förderlich in Bezug auf Verbesserungsmaßnahmen ist.

> **Evaluierung**
>
> Für ein Führungskräftetreffen ist es wichtig zu wissen, ob der Informationsgehalt angemessen war, ob vermitteltes Wissen Anwendung findet, ob die Inhalte glaubhaft übermittelt wurden, damit sie von den Mitarbeitenden übernommen werden.
>
> Ein neues Produkt, das bei der Vorstellung bereits die Mitarbeitenden nicht überzeugt, wird schwer vermittelbar sein. Eine neue Unternehmensstrategie wird dann angenommen, wenn sie glaubwürdig vermittelt wird. Mitarbeitende, die sich mit Unternehmenszielen nicht mehr identifizieren können, werden kaum optimale Leistungen bringen.
>
> Eine Veranstaltung kann sehr teuer organisiert werden, vermittelt jedoch ihre Kernbotschaft nicht.

Kennzahlen zum klassischen Business-Meeting und -Event betreffen alle in der Planung betrachteten Aspekte. Die Ergebnisse aus wirtschaftlichen und sozialen Fragestellungen liefern ein Gesamtbild. Dieses zeigt, ob sich die Veranstaltung gelohnt hat. Die Gesamtheit aller Antworten ergibt den **Return on Event Investment (RoEI)**. Der Return on Event Investment zeigt, ob sich alle Bemühungen lohnten, damit die Veranstaltung strategisch erfolgreich war, ob sie gut und spannend organisiert war und allen Sicherheitsaspekten genügte.

6.4.2 Bewertung der nachhaltigen Aktivitäten

In einem zweiten Schritt wollen wir feststellen, ob sich unsere Bemühungen um nachhaltige Entwicklung in allen Dimensionen – ökologisch, ökonomisch und sozio-kulturell – zeigen.

Aus der SEDM entwickelten wir die Action-Impact-Matrix. Aus den Handlungsfeldern, die für unsere Veranstaltung zweckmäßig sind, leiten wir Ziele und Maßnahmen ab. Die Bewertung der Nachhaltigkeit hatten wir in Abschn. 2.3.4 betrachtet.

Sustainable Event Assessment SEA – Erfüllungs- bzw. Zielerreichungsgrad In einem ersten Schritt haben wir mit der Action-Impact-Matrix (AIM) Handlungsfelder unserer Veranstaltung mit den Wirkungskategorien in Bezug gesetzt. Wichtig ist jedoch, dass alle Aktivitäten bewertet werden. Für die Veranstaltung bedeutsame Handlungsfelder wurden bereits bei der Planung gelistet. Alle Zielsetzungen, Einzelziele sowie die gewünschten Ergebnisse können wir bewerten. Bei nichtmonetären Zielen kann über ein Wirkungsmodell IOOI erfasst werden, was wir tun wollen und was wir bewirken wollen. Wir kontrollieren den Input, alle zur Verfügung stehenden Ressourcen, die Aktivitäten, die stattfinden, um unsere Ziele zu erreichen, dann den Output, die direkten Ergebnisse. Danach stellen wir den Outcome fest, die Auswirkungen der Ergebnisse, und schließlich den Impact, die (Ein-)Wirkungen, die sich durch die Maßnahmen ergeben.

Wirkungsmessung Bewusstsein

Die Organisatoren eines Business-Events möchten durch eine gezielte Kommunikation und Schulungen das Bewusstsein für nachhaltiges Veranstaltungsmanagement fördern. Bei der Planung eines Führungskräftetreffens werden die Teilnehmenden über die Aspekte der Nachhaltigen Entwicklung informiert; Nudging und kleine Mini Cases tragen zur Schulung eines nachhaltigen Bewusstseins (sustainable awareness) bei. Mit Umfragen können Verhaltensveränderungen in Intervallen von Wochen und Monaten nach diesen Aktionen geprüft werden.

Diese Bewertung nehmen wir mithilfe eines Beurteilungsbogens, des **Sustainable Event Assessment (SEA)**, vor. Ziele, die sich in Zahlen oder Prozentwerten ausdrücken lassen, sowie alle anderen Fragen, bei denen nur eine qualitative Aussage, wie zum Beispiel „erfüllt" oder „nicht erfüllt", möglich ist, werden erfasst. Der Erfüllungsgrad bzw. der Zielerreichungsgrad wird mit einer Wertung versehen.

Das österreichische Umweltzeichen (Richtlinie UZ 62 Green Meetings und Green Events[39]) schlägt zum Beispiel ein Punktwertsystem vor. Der SDG-Kompass empfiehlt eine ähnliche Vorgehensweise (vgl. Global Compact Netzwerk Deutschland [40]). Der Erfüllungsgrad kann auch bestimmt werden, indem man einen Ausgangswert (baseline) festlegt und beschließt, diesen Wert zu verbessern, z. B. die Quote der nachhaltig organisierten Business-Meetings und -Events innerhalb eines Zeitraumes um einen bestimmten Wert, Anzahl oder Prozentsatz, zu erhöhen. Die Wertigkeit der Skala sollte bereits bei der Planung anhand der Handlungsfelder festgelegt werden. Veranstaltungen, die wiederholt stattfinden, werden auf die gleiche Weise bewertet. Dadurch können die Ergebnisse verglichen werden.

Zu Beginn der Veranstaltung, wenn die Planungsphase startet, dient dieses Assessment dazu, den Status quo zu erfassen. Im Verlauf der weiteren Planung und zuletzt nach der Veranstaltung kann eine letzte Selbstbeurteilung vorgenommen werden. Die Gesamtsicht anhand der Prozentzahlen spiegelt das Bemühen um Nachhaltigkeit wider. Sie hilft einerseits dem Organisationsverantwortlichen, seinem Team und dem Veranstalter zu sehen, wo ggfs. noch Optimierungsbedarf ist, andererseits unterstützt es bei der Kommunikation mit Beteiligten und Teilnehmern, um nachzuweisen, was bereits erreicht worden ist.

Überprüfung anhand der Teilnehmersicht (Participant Journey) Im Hinblick auf den Besuch gibt es unterschiedliche Hebel bezüglich der Nachhaltigkeitswirkung. Eine abschließende Prüfung entsprechend der Participant Journey. Während die Projektphasen für die organisatorische Umsetzung entscheidend sind, tragen die Eventphasen zum Erlebnis bei und haben jeweils unterschiedliche Auswirkungen auf die Nachhaltigkeitswirkung.

Im Abschn. 2.2 hatten wir als einen Aspekt der Qualität die Kundenzufriedenheit betrachtet. Dieses kann vieles umfassen, da wir auch unterschiedliche Kunden (Teilnehmer, Organisator, Träger,...) haben, die jeweils andere Anforderungen stellen. Auch kann direkt nach der Veranstaltung der Outcome oder Impact nur über die subjektive Meinung der Teilnehmer erfragt werden.

Üblicherweise wird nur nach der Zufriedenheit der Teilnehmenden in Bezug zu Organisation und Inhalt einer Veranstaltung gefragt.

Evaluierung der Wahrnehmung

Ein mögliches Feedback könnte folgende Fragen umfassen:

- War die Teilnahme an der Veranstaltung nützlich für Sie und das Unternehmen?
- Hatten Sie den Eindruck, dass die Veranstaltung in jeder Hinsicht gut organisiert war?
- Welche Aspekte sind mir besonders in Erinnerung?
- Welche Erkenntnisse oder Handlungsmaßnahmen werde ich in mein (Arbeits-)Leben integrieren?
- Was habe ich über nachhaltige Entwicklung gelernt?

Zusammenfassung Die Bewertung der Bemühungen um nachhaltige Entwicklung in ökologischer, ökonomischer und sozio-kultureller Hinsicht schließt im Grunde die klassischen Kennzahlen mit ein. Denn eine nachhaltig organisierte Veranstaltung sollte dem eigentlichen Unternehmenszweck nicht im Wege stehen, sondern ihn bestenfalls unterstützen. Im Grunde entsteht ein ganzes Set an Kennzahlen, die den angestrebten Grad zur Erfüllung nachhaltiger Bemühungen misst. Wenn man diese Zahlen in ein Verhältnis zu investierter Zeit und Geld setzt, erhält man – für viele Unternehmen, die ihre Performance kommunizieren wollen und müssen, nicht unwichtig – in der Gesamtsicht eine Bewertung, die wir als Return on Sustainable Event (RoSE) bezeichnen könnten. Eine ausgereifte Methodik gibt es hierfür (noch) nicht.

Die Ergebnisse des Controllings geben Anlass zur kontinuierlichen Verbesserung. Sie sind Bestandteil der letzten Phase bei den „lessons learned". Sie liefern auch die Angaben zur CO_2-Emission der Veranstaltung, die durch besondere Klimaschutzprojekte kompensiert wird. Das Eventcontrolling ist ein wichtiges Instrument, um den Erfolg eines Business-Meetings oder -Events zu gewährleisten. Es unterstützt bei einer sorgfältigen Planung, Organisation, Durchführung und Nachbereitung. Das Ziel eines nachhaltigen Veranstaltungscontrollings ist es, die verschiedenen Perspektiven zu verbinden. Nachhaltige Entwicklung sollte keine zusätzliche Aufgabe in der Veranstaltungsorganisation sein, sondern eine selbstverständliche Leistung im Hinblick auf die Agenda 2030. Die Abb. 6.2 zeigt eine Übersicht, welche Input, Output, Outcome und Impact während der verschiedenen Phasen einer Veranstaltung darstellt. Aktivitäten mit ihren qualitativen und quantitativen Aspekten bieten einen Ansatz für das Controlling.

6.5 Basisentscheidungen

Um eine Veranstaltung nachhaltig zu organisieren, sollten Handlungsfelder für eine nachhaltige Entwicklung ausgewählt werden, die dem Zweck der Veranstaltung nicht widersprechen. Schließlich darf nicht übersehen werden, dass ein Business-Meeting oder -Event eine Zielsetzung hat, die zuallererst die Strategie des Unternehmens unterstützt.

Für jede neue Veranstaltungsart sind diese Handlungsfelder erneut zu identifizieren. Gerade beim ersten Mal ist es empfehlenswert, Auswahl und Umfang von Handlungsfeldern und die daraus abgeleiteten Zielsetzungen, Einzelziele und Maßnahmen so auszuwählen, dass sie „machbar" sind. Bei der Einführung einer nachhaltigen Veranstaltungsorganisation ist es einfacher, sich auf einige wenige Felder zu beschränken und das nachhaltige Veranstaltungsmanagement schrittweise auszubauen.

Erfahrungsgemäß treten die meisten Emissionen bei der Mobilität, der Unterkunft und dem Catering auf (Oblasser, Ch./Riediger M. (2015[36] S. 35). Im klassischen Veranstaltungsmanagement stehen bereits viele Checklisten zur Verfügung, um einen optimalen Organisationsablauf zu gewährleisten. Für eine nachhaltige Veranstaltung betrachten wir zunächst die operativen Handlungsfelder, das

Abb. 6.2 Meetings und Events unter Berücksichtigung der Wirkungslogik IOOI

Ablauf Wirkungslogik in Phasen	Input	Event-Aktivitäten Prozess	Output (Ergebnis)	Outcome (Wirkung)	Impact (Aus-/Wirkung)
	Planungsphase	Realisierungsphase	Post-Eventphase Evaluation von Prozessen, Ergebnisse und Wirkungen		
Was tun wir: Aktivitäten	Konzept von SEDM, Phasenplan, Meilensteine, AIM, SEA	Ablauf des Events Aktivitäten mit Teilnehmende, Mitwirkende, Lieferanten	Diskussionsergebnis Wissensvermittlung Entscheidungen Informationen etc.	Evaluation zur Umsetzung von Eventzielen Überprüfung der Wirkung von Zielen nach Ablauf der Veranstaltung	
Wie bewerten wir es? Kennzahlen u. Indikatoren	Ressourcen: Sachlich, Personell, Finanzen				
Qualitative Aspekte	Entwickelt/vorhanden: Strategie Nachhaltigkeitsstrategie Kommunikation Sicherheitskonzept Nachhaltigkeitskonzept	Qualität der Veranstaltung: Produkte Performance Prozess	VA-Ziele erreicht: Akzeptanz durch Zielgruppe, Zufriedenheit, Image Motivation bei allen SEA	Wirkung bei Teilnehmern, bei Fähigkeiten, beim Handeln, Kooperieren und in der Wahrnehmung	Volle Akzeptanz Integration in der Arbeit und evtl. auch im privaten Leben
Quantitative Aspekte	Personalkosten Sachkosten Prozesskosten Implementierung Nachhaltigkeit Lieferantenprozess Zeit für Workshops u. Schulungen BNE	Ablaufplan Ablaufzeit Prozessqualität Fehlerquote Sicherheitsaspekte Bildung nachhaltiger Entwicklung (BNE)	VA-Ziele erreicht: Teilnehmerstatistik Informationen: Nutzwert, Wissenszuwachs, Aktion Kosten/Teilnehmer CO_2-Emissionen/SEA	Kurz-/mittelfristige Wirkung Lessons Learned Teilnehmer: Anwendung bzw. Nutzung, Aktivierung	Langfristige Wirkung Bei allen Beteiligten: Wissen, Fähigkeiten, Handeln adaptiert Anwendung in vielen Lebensbereichen

Hat es sich gelohnt? Nachhaltige Wirkung als Input-Impact-Relation

Endergebnis: Return on Sustainable Event (RoSE):
1. Anzahl Teilnehmer, die Maßnahmen für nachhaltige Entwicklung annehmen, im Verhältnis zu Kosten für Konzept/Umsetzung von nachhaltigen Veranstaltungen
2. Gesamtkosten für Planung und nach Durchführung der nachhaltigen Veranstaltung in Relation zu den quantitativen und qualitativen Zielen
3. Messung des Images und Bewusstseins in Bezug auf nachhaltiges Veranstaltungsmanagement (SEM), Wochen, Monate später

heißt, wir untersuchen die Aktionsbereiche und ihren „impact" auf die Wirkungskategorien. Dabei leiten wir aus den Handlungsfeldern Zielsetzungen und Einzelziele ab. Eine Checkliste mit weiteren Hinweisen für Basisentscheidungen befindet sich im Anhang. Die Darstellung in diesem Kapitel stellt lediglich eine Auswahl dar. Sie dient als Anregung, für die eigene Veranstaltungsart Handlungsziele festzulegen, Zielsetzungen, Ziele abzuleiten und Maßnahmen zu entwickeln. Es ist aber auch möglich, von den Wirkungskategorien, Klimaschutz, Energie, fairer Handel, Abfall, Arbeitsrichtlinien usw. auszugehen. Dann wird von jeder Kategorie jeder Aktionsbereich betrachtet.

Basis dafür ist die Action-Impact-Matrix AIM Abb. 6.3

Emissionen durch Mobilität

Eine Eventorganisatorin führt jährlich ein dreitägiges Führungskräftetreffen mit 20 Personen durch. Die Teilnehmer kommen alle aus der sogenannten DACH-Region (Deutschland, Österreich und Schweiz). Bisher hatte das Treffen immer auf Mallorca stattgefunden. Die Organisatorin erhielt den Auftrag, bei dem nächsten Jahrestreffen die CO_2-Emissionen von Reisen und Unterkunft zu erfassen und ggf. Vorschläge zu unterbreiten, wie Emissionen verringert oder vermieden werden könnten.

Die Eventorganisatorin stellte fest, dass sich die Teilnehmer, anstatt nach Mallorca zu fliegen, viel zentraler in München treffen könnten. Dadurch könnten die meisten Teilnehmer mit dem Zug anreisen. Die Reisezeit wäre zwar etwas länger, aber die Anreise wäre sogar am ersten Veranstaltungstag möglich, wodurch 20 Übernachtungen eingespart werden könnten. Die Reduzierung der CO_2-Emissionen würde für Reise und Hotel bei 20 Teilnehmern insgesamt 4,51 t CO_2-eq ausmachen. Zum Vergleich: Ein Einwohner Deutschlands produziert ungefähr 7,9 t CO_2-eq (Statista [38]) pro Jahr.

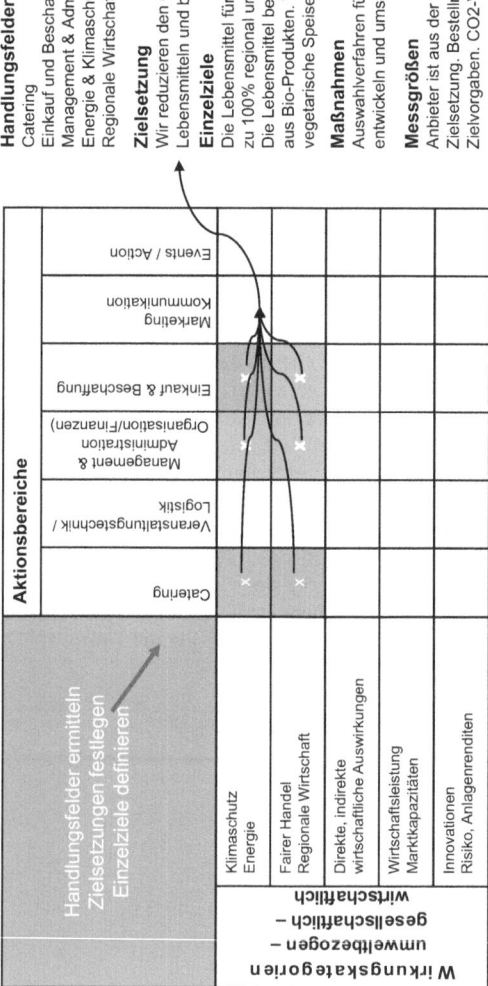

Abb. 6.3 AIM

6.5.1 Location und Unterkunft

Ein Veranstaltungsort ist ein Raum, Platz bzw. ein Gelände, auf dem eine Veranstaltung stattfindet. Allgemein wird auch von der „Location" gesprochen. Zur Location gehört auch die gesamte feste Infrastruktur wie Wege, Gebäude und die bauliche Infrastruktur. Die Unterkunft liegt nach Möglichkeit in der Nähe zur Location, sodass sie relativ schnell erreicht werden kann, zu Fuß, per Fahrrad oder über öffentliche Verkehrsmittel.

Allgemeine Bedingungen Es lohnt sich, bereits bei der Recherche eine Unterkunft oder Location nach Aspekten der Nachhaltigkeit auszusuchen. Beispielkriterien sind: Nachhaltigkeit ist ein Bestandteil des Unternehmensleitbilds oder die Location oder Unterkunft verfügt über eine Zertifizierung bzw. ein Nachhaltigkeitssiegel.

Zugänge und Logistik Der Veranstaltungsort wird üblicherweise unter Berücksichtigung des Hauptziels, des Anlasses für die Veranstaltung ausgewählt. Bei der Feier zur Inbetriebnahme eines neuen Produktionsstandorts oder eines Tags der offenen Tür steht der Veranstaltungsort bereits fest. Eine Produktpräsentation kann dagegen an verschiedenen Standorten in der Welt organisiert werden, vorzugsweise dort, wo sich der größte Kreis der eingeladenen Personen befindet.

Es ist zweckmäßig, den Veranstaltungsort nach dem Arbeitsort der Teilnehmenden auszuwählen. Eine lange Reise zum Veranstaltungsort kostet Zeit, Geld und CO_2. Insofern hat die Entscheidung für den Veranstaltungsort wiederum Einfluss auf die Handlungsfelder Mobilität und Teilnehmermanagement.

Empfehlung für Maßnahmen/Indikatoren: Hauptanlass der Veranstaltung, Entfernung der Logistikpartner zum Veranstaltungsort, Entfernung der Teilnehmer zur Location bei der Auswahl berücksichtigen, Entfernung Location/Unterkunft prüfen, Anreiseart der Teilnehmenden prüfen, messen.

Sicherheit Der Veranstaltungsort und die Unterkunft liegen in einer sicheren Gegend, sodass der öffentliche Verkehr bevorzugt genutzt werden kann. Wenn dies nicht der Fall ist, bieten die Vertragspartner der Location und der Unterkunft Sicherheitskonzepte an. Die Datensicherheit ist bei der Nutzung von Computern gewährleistet.

Empfehlung für Maßnahmen/Indikatoren: Auswahl von Location/Unterkunft nach Sicherheitsaspekten, Sicherheitskonzept, Zufahrten, Fluchtwege, Versicherungen vorhanden, Notfallkommunikation vorhanden und geprüft. Konzept für Datensicherheit vorhanden. Mitarbeitende geschult (z. B. USB-Sticks und Notebooks in den Pausen nicht unbeaufsichtigt liegenlassen; Verhaltensmaßnahmen im Notfall); Ersthelfer sind vor Ort oder umgehend erreichbar.

Raumkonzept – Infrastruktur Der Raum wird so ausgewählt, dass auf Klimaanlagen weitestgehend verzichtet werden kann. Es gibt im Raum Tageslicht. Fenster mit Frischluftzufuhr sind vorhanden und der Raum wird energieeffizient geregelt. Die Akustik muss geprüft werden, um sicherzustellen, dass die Teilnehmenden ohne Anstrengung zuhören können.

Die Räume und Gruppenräume sollten so angeordnet sein, dass die Erreichbarkeit gewährleistet ist. Bei größeren Anlässen sind ein oder mehrere Gruppenräume speziell für das Veranstaltungsteam, Organisatoren, Sicherheitspersonal oder Techniker notwendig.

Empfehlung für Maßnahmen/Indikatoren: Anzahl der Veranstaltungsräume mit Klimaanlagen, Frischluftzufuhr, Tageslicht oder anderen energieeffizienten Konzepten; Akustik.

Energie Elektrische Geräte wie Notebook, Beamer, TV usw. werden in Pausen ausgeschaltet. Die Beleuchtung wird in ungenutzten Gruppenräumen ausgeschaltet. Durch die Nutzung von Räumen mit Tageslicht können wir die Beleuchtungszeit weiterhin reduzieren.

Empfehlung für Maßnahmen/Indikatoren: Energieverbrauch pro Veranstaltung messbar; Veranstaltungsrichtlinien sind vorhanden und Beteiligte, Mitarbeitende, Trainer, Veranstaltungsverantwortliche sind geschult.

Beschaffung Es gibt umweltfreundliche Beschaffungsrichtlinien und umweltfreundliche Reinigungsverfahren.

Empfehlung für Maßnahmen/Indikatoren: Richtlinien sind vorhanden und kommuniziert. Umweltgütesiegel oder ähnliches sind vorhanden. Dies schließt Bewertung möglicher Alternativen ein, betrifft die Wahl der Dienstleister und es erfolgt auch eine Leistungsüberprüfung der Produkte sowie Dienstleistungen.

Materialien Für die Dekoration oder Mietmöbel werden bevorzugt wiederverwertbare Materialien oder Produkte verwendet. Sofern frische Blumen gewünscht sind, dann sind nur ökologisch-nachhaltige Schnittblumen zu empfehlen. Auch Schilder und Beschriftungen werden unter dem Aspekt der Wirtschaftlichkeit und unter Berücksichtigung des Lebenszyklus eines Produkts ausgewählt.
Empfehlung für Maßnahmen/Indikatoren: Checkliste mit Anforderungen und weitere Informationsmaterialien.

Inklusion Unterkunft und Location, Hauptraum, Gruppenräume sowie allgemeine Besucherräume, Sanitär- und Gastronomiebereiche sind barrierefrei zugänglich.
Empfehlung für Maßnahmen/Indikatoren: Checkliste zur Überprüfung vorhanden und geprüft.

Arbeitsrichtlinien, Arbeits- und sozialer Schutz Die Mitarbeitenden der eigenen Organisation und der Vertragspartner sind durch geltendes Arbeitsrecht geschützt. Missbräuchliche Arbeitsverhältnisse (z. B. Kinderarbeit) bestehen nicht.
Empfehlung für Maßnahmen/Indikatoren: Checkliste vorhanden, Verträge geprüft bzw. durch ein Zertifikat nachgewiesen.

Umweltschutz und Tierschutz Nachhaltigkeitsrichtlinien werden angewendet (Begriffe dazu sind: Ökoeffizienz, EMAS, CSR, CDP).
Empfehlung für Maßnahmen/Indikatoren: Checkliste vorhanden, Vorgaben geprüft.

Abfall-, Wasser-, Energiekonzept In der Unterkunft und am Veranstaltungsort gibt es Nachhaltigkeitskonzepte zu Abfall, Wasser und Energie.
Empfehlung für Maßnahmen/Indikatoren: Konzept vorhanden.

Luftverschmutzung Für die Auswahl des Veranstaltungsortes wird auch der "Air Quality Index" herangezogen. Der Index gibt Auskunft über

die Luftqualität an Orten weltweit (siehe air pollution check https://aqicn.org/contact/).
Empfehlung für Maßnahmen/Indikatoren: Angaben zur Luftqualität.

6.5.2 Mobilität/Transport

Anreise/Abreise Ein weiterer wichtiger Aspekt ist die umweltfreundliche Mobilität, die Förderung der Anreise mit Bus und Bahn, die Vermeidung von Taxis und die Buchung von Direktflügen anstelle von Gabelflügen. Unter Umweltaspekten ist eine Anreise mit öffentlichen Verkehrsmitteln empfehlenswert. Die Anreise mit öffentlichen Verkehrsmitteln kann bereits als Teil des Event-Erlebnisses gestaltet werden und so die Nutzung von Bus und Bahn fördern. Eine gute Anbindung durch öffentliche Verkehrsmittel ist wichtig, sowohl für die Veranstaltungsstätte als auch die Unterkunft. Allein durch einen späteren Veranstaltungsbeginn kann eine Anreise am Vortag vermieden oder die Nutzung von öffentlichem Transport ermöglicht werden.

Dies geht von der Anpassung der Veranstaltungszeiten an die Fahrpläne des Öffentlichen Personennahverkehrs (ÖPNV) bis hin zur Kompensation von CO_2-Emissionen. Unternehmen, die global arbeiten und Business-Meetings und -Events weltweit organisieren, müssen die Sicherheitsstandards an den verschiedenen Standorten berücksichtigen.

Empfehlung für Maßnahmen/Indikatoren: Verkehrsmittel wird ausgesucht nach dem Optimum und der Verhältnismäßigkeit von Distanz, Dauer, Reisezeit und Emissionen.

Gute Anbindung des Veranstaltungsorts an den öffentlichen Fernverkehr, Kriterium Distanz.

Gute Anbindung der Übernachtungsstätten an den öffentlichen Fernverkehr, Kriterium Distanz.

Veranstaltungsort in Fußdistanz (max. 500 m) zum öffentlichen Verkehr, Kriterium Distanz.

Anzahl Fahrgemeinschaften.

Bei PKW: Wahl der Fahrzeuge unter Berücksichtigung der Energieeffizienz-Klasse, Schadstoffausstoß und Einhaltung der Euro-Normen bzw. Normen des jeweiligen Landes.

> **From Action to Impact**
>
> In dieser Übersicht Tab. 6.3 zeigen wir exemplarisch, wie aus den Aktionsbereichen und Wirkungskategorien der Action-Impact-Matrix Handlungsfelder für nachhaltiges Eventmanagement entstehen, die dann mit Einzelzielen, Maßnahmen und Messgrößen versehen werden.

6.5.3 Teilnehmermanagement

Auswahl und Einladung der Teilnehmenden Sofern es sich nicht um öffentlich ausgeschriebene Veranstaltungen geht, wie zum Beispiel einem Tag der offenen Tür, empfiehlt es sich die Teilnehmenden sorgfältig auszuwählen. Dies ist insbesondere bei internen Veranstaltungen möglich. Nur diejenigen Personen werden persönlich eingeladen, die an der Veranstaltung die ganze Zeit oder aus bestimmten Gründen teilweise präsent sein müssen. Dies gilt auch und gerade für Referenten, die evtl. nur für eine kurze Dauer referieren. Hybrid: Alle anderen wählen sich via Telefon-/Videokonferenz ein.

Empfehlung für Maßnahmen/Indikatoren Checkliste mit Kriterien für Präsenzteilnahme.

Information und Kommunikation Die Teilnehmenden werden über alle Maßnahmen zur Nachhaltigkeit aufgeklärt und motiviert, CO_2 zu sparen und entsprechende Maßnahmen zu unterstützen. Die Teilnehmenden werden frühzeitig informiert. Den Teilnehmern wird das Veranstaltungsticket des öffentlichen Verkehrs angeboten oder Mitfahrgelegenheiten angeboten. Es wird ein Shuttle-Service zum Veranstaltungsort angeboten.

Abfahrtszeiten und -orte werden vorab kommuniziert. Wo immer möglich, wird auf den Nutzen von Fahrrädern hingewiesen. Von der Nutzung von Taxis wird aus ökologisch-nachhaltigen Gründen abgeraten.

Tab. 6.3 Handlungsfelder, Ziele und Maßnahmen am Beispiel Mobilität und Carbon Footprint

Handlungsfelder aus Aktionsbereichen und Wirkungskategorien bestimmen	Einzelziele	Maßnahmen	Messgrößen
Mobilität/Transport Energie & Klima	Empfehlen Sie das Zu-Fuß-Gehen, Radfahren und die Nutzung öffentlicher Verkehrsmittel unter Berücksichtigung von Sicherheitsrichtlinien	Informieren und Umfrage durchführen	Anzahl Personen pro Verkehrsmittel in Prozent
Mobilität/Transport Energie & Klima	Erfassen Sie den CO_2-Verbrauch der Teilnehmer bei der Anreise	Information und Abfrage der zurückgelegten Kilometer und Wahl des Auswahl eines CO_2-Rechners	Rückläufe der Abfrage und CO_2-Verbrauch
Mobilität/Transport Einkauf & Beschaffung	Für den Personentransport werden Anbieter gewählt, die nachhaltigkeitsbewusst agieren	Verfahren für die Auswahl von Anbietern durchführen; Nachhaltigkeitssiegel bestimmen	Anbieter verfügt über eine entsprechende Zertifizierung

Empfehlung für Maßnahmen/Indikatoren Anreiseart der Teilnehmenden (%), Kontrolle der Anreise/Motivation-Kampagnen zur Anreise auf nachhaltige Art (ein interner Wettbewerb kann unterstützend wirken).

6.5.4 Catering/Verpflegung

Catering ist ein wichtiger Bereich, da hier unmittelbar mit den Teilnehmern interagiert wird.

Wir fassen die Anforderungen in dem Schlagwort SERVUSS zusammen:

SERVUSS – Richtlinien beim Catering

Sustainable/SocioCultural
Nachhaltig im ganzheitlichen Sinne, Beachtung soziokultureller Aspekte (Gesellschaft, Kultur, Religion, Preisgestaltung).

Eco
Produkte aus ökologischem Anbau, Beachtung des Umweltschutzes und ökologischer Prinzipien bei Anbau und Verarbeitung.

Regional
Verwendung regionaler Produkte mit einem niedrigen Energieaufwand und hoher Wertschöpfung (z. B. Gemüse und Getränke, Trinkwasser).

Vegan/Vegetarisch
Verzicht auf Fleisch, insbesondere aus Massentierhaltung. Wenn Fleisch, dann Wild oder ökologisch sinnvolle Haltung (Landschaftspflege) und Beachtung des Prinzips "Nose to Tail", das vorsieht, dass alle Teile eines Tieres verarbeitet werden.

Umweltfreundlich/Unverarbeitet
Nutzung von umweltfreundlich und sozialverträglich hergestellten Ausgangsmaterialien, Beachtung von Material- und Energieverbrauch in der Lieferkette und der Küche.

Saisonal
Nutzung von saisonalen Produkten unter Beachtung von Erntezeiten und Lagermöglichkeiten.

Service
Nachhaltigkeitsaspekte im Service, bei Ausstattung, Geschirr und Dekorationen. Einzelaspekte wie Arbeitsbedingungen, Barrierefreiheit.

Essen und Getränke Beim Essen ist darauf zu achten, dass es nachhaltigkeits- und zielgruppengerecht ist. Durch eine Auswahl unter Berücksichtigung nachhaltiger Aspekte können CO_2-Emissionen bis zu über 60 % eingespart werden. Drei Faktoren wirken maßgeblich:

1. Warme oder kalte Speisen (Einsparpotenzial ca. 15 %)
2. Saisonale und regionale Lebensmittel (Einsparpotenzial ca. 20 %)
3. Vegetarische Speisen (Einsparpotenzial ca. 20 %)

Neben der Verwendung regionaler und saisonaler Rohstoffe und Verpackungsaspekten spielen Art und Preis der Gerichte eine wichtige Rolle. Preiswerte und gesunde Gerichte sollten die Regel sein und angestrebt werden. Die regionale Wirtschaft kann durch solche Maßnahmen unterstützt werden.

Bei einem Business-Meeting oder -Event sind je nach der Bedeutung des Essens und der Zusammensetzung der Besucher auch Anforderungen wie vegan und vegetarisch, koscher und halal zu berücksichtigen. Dies wird umso wichtiger, je länger die Veranstaltung dauert.

Daneben kann die Gastronomie zum Erlebnis beitragen und als Beitrag zur nachhaltigen Entwicklung ein wichtiger Teil des nachhaltigen Events werden. Teilnehmer können motiviert werden, aktiv einen Beitrag zur Nachhaltigkeit zu leisten.

Abfall/Wasser/Energie Die Location verfügt über ein System der getrennten Sammlung/Verwertung von Abfällen. Es besteht die Möglichkeit, Bioprodukte, Fairtrade-Catering oder lokale, saisonale Verpflegung zu bestellen.

Alle Teilnehmer haben die Möglichkeit, den Abfall zu trennen, nach Möglichkeit in Papier/Pappe, Leichtverpackungen, Glas, Speisereste und Restabfall.

Die Bestellmengen sind so ausgerichtet, dass möglichst wenig Essen übrigbleibt. Auf Plastikbecher wird verzichtet. Wasser wird in Karaffen angeboten.

> **Abfallvermeidung durch Information**
>
> In einer Firmenzentrale finden pro Woche in den verschiedenen Abteilungen viele "Lunch-Meetings" statt. Hierfür wird immer das gleiche Essen bestellt. Jeder Teilnehmer erhält ein Sandwich, einen Salat, eine Nachspeise. Erfahrungsgemäß essen nicht alle Teilnehmer Salat oder sie verzichten auf die Nachspeise. Eine Vorabfrage kann dazu beitragen, nur noch das zu bestellen, was die Teilnehmer wirklich essen möchten.

Empfehlung für Maßnahmen/Indikatoren: Die Richtlinien von SERVUSS werden eingehalten. Daraus resultieren folgende Indikatoren:

- Der Catering-/Dienstleister kommt aus der Region.
- Es gibt ausschließlich saisongerechte und regionale Produkte.
- Kalte Speisen werden, insbesondere bei Standard-Meetings, bevorzugt angeboten. (Prozentanteil aller bestellten Speisen)
- Zu 50 % werden vegetarische Mahlzeiten angeboten.
- Das Essen besteht zum größten Teil aus Bio-Produkten.
- Getränke aus Großbehältern ausschenken/Konzentrat verwenden
- Um Fehlbestellungen zu vermeiden, werden Teilnehmende gebeten, sich bei rechtzeitig an- oder abzumelden. (Kontrolle Absagen/Zusagen/No-shows)
- Das Essensangebot ist weitgehend (x Prozent) fleischreduziert ausgerichtet bzw. es wird Geflügel statt Rind angeboten.
- Produkte aus Übersee (z. B. Kaffee, Schokolade) sind fair gehandelt. (Kontrolle Nachweise)
- Die Servietten sind am besten aus Recycling-/FSC- zertifiziertem Papier.
- Übriggebliebene (verwertbare/eingepackte) Lebensmittel werden nach Möglichkeit gespendet.
- Mehrwegflaschen einsetzen: Mehrwegverpackungen (z. B. für Getränke, Kekse, Zucker, Kaffeemilch usw.) werden bevorzugt.

Die Abbildung Abb. 6.4 zeigt, wie aus dem Handlungsfeld Catering Ziele, Einzelziele und Maßnahmen zu deren Erreichung eingeführt werden können.

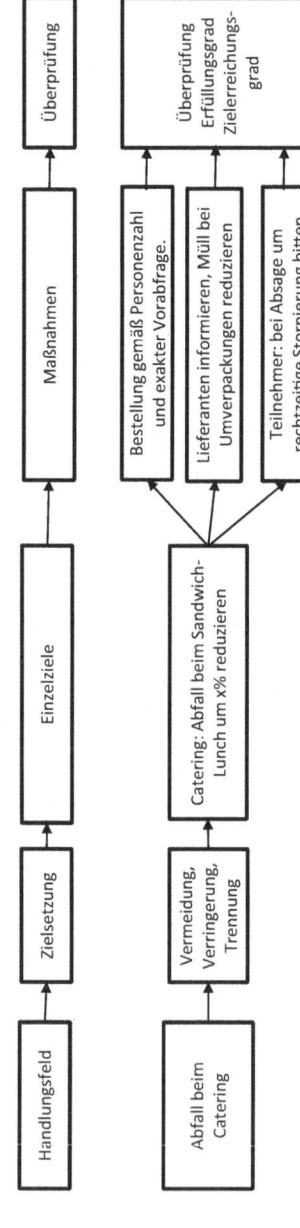

Abb. 6.4 Turning issues into objectives, targets and plans, Beispiel Catering/Abfall

> **Catering**
>
> Beim Catering geht es nicht um Knalleffekte und exotische Zutaten, sondern darum, das Essen stilvoll anzurichten und so darzubieten, dass es alle Sinne anspricht. Informationen zu Herkunft und Zubereitung und dem Zusammenhang mit der nachhaltigen Entwicklung fördern die Wertschätzung.
> Wichtige Anknüpfungspunkte liegen in der Herkunft (regional, fair, bio) und Auswahl (z. B. weniger Fleisch, dafür bessere Qualität oder Wild, erhaltenswerte Sorten) der Rohstoffe. Der Zusammenhang mit globalen (Klimaschutz, Gerechtigkeit, indigene Völker) und lokalen (Biodiversität, Kulturlandschaft, Wirtschaft, Abfall, Verschwendung) Themen kann durch zusätzliche Informationen und Bilder gegeben werden, die Verwendung regionaler und traditioneller Konservierungsarten und kreative Resteverwertung können genutzt und thematisiert werden.

Eine Zusammenfassung zu management-, erlebnis- und nachhaltigkeitsrelevanten Aspekten von Gastronomie und Catering gibt das Manager-Kochbuch (Holzbaur, U. 2013).

6.5.5 Eventausstattung/Veranstaltungstechnik

Veranstaltungstechnik für Ton, Licht oder Video wird nahezu bei jeder Veranstaltung benötigt. Bühnen- und Messebau, gute Beschilderung sowie eine gute Präsentationstechnik tragen zum Gelingen von Business-Meetings und -Events bei.

Moderationsmaterialien für Workshops sind unter Nachhaltigkeitsaspekten ausgewählt worden (Recyclingpapier für Flipcharts, magnetische, wiederverwendbare Moderationskarten etc.). Namensschilder, Tischschilder sollten ebenfalls mit Blick auf das Material und seine Wiederverwendbarkeit ausgewählt werden. Die Geräte erfüllen Kriterien der besten Energieeffizienzklasse. Sie werden in Pausen oder wenn sie gerade nicht in Gebrauch sind abgeschaltet. Jede Technik, jedes Produkt wird so ausgewählt, dass es den Kriterien der 5R Abschn. 6.1 standhält:

Aufzeichnungen: Fotoaufnahmen werden nur nach Einverständnis der Beteiligten gemacht.

Indikatoren Alle elektronischen Geräte sind in Bezug auf die Energieeffizienz geprüft.

Für den Bezug von Konferenzmaterial hat die Abteilung Einkauf und Beschaffung eine Auswahl zusammengestellt, welche die Anforderungen an Nachhaltigkeit erfüllt.

6.5.6 Management und Administration, Einkauf und Beschaffung

Das Management ist in leitender und lenkender Funktion stets eingebunden und übernimmt Führung, Entscheid und Verantwortlichkeit für alle Prozesse und ist sehr oft in gleicher Funktion der Veranstalter.

Die Administration übernimmt diejenigen Geschäftsprozesse, die notwendig sind, damit ein Business-Meeting und -Event stattfindet. Sie beinhaltet das Umsetzen, Ausführen und, sofern ein Spielraum eingeräumt ist, auch Entscheiden ist der Arbeitsbereich des Veranstaltungsorganisators. Dabei kann es sich um eine einzelne Person oder auch ein Team handeln.

Einkauf und Beschaffung leisten zwar nur unterstützende Prozesse, sie sind aber im Nachhaltigen Eventmanagement von elementarer Bedeutung. Das Management der Wertschöpfungskette, und das schließt die ständige Verbesserung bei der Bereitstellung von Produkten und Dienstleistungen mit ein, erfolgt entweder direkt durch Einkauf und Beschaffung oder mit ihrer Unterstützung. Die nachhaltige Beschaffung basiert auf Leitlinien zur Auswahl von Dienstleistern, unterstützt bei der Bewertung von Angebotsabgaben und der Bewertung der Leistung einer nachhaltigen Entwicklung für alle Produkte und Dienstleistungen im Rahmen einer Veranstaltung, von der Planung bis zur Nachbereitung.

Management, Administration sowie Einkauf und Beschaffung müssen mit Blick auf die Ziele zu einer nachhaltigen Entwicklung zusammenarbeiten. Nachfolgend sind beispielhaft einige Aspekte aufgeführt:

Management und Administration Management und Administration einer Veranstaltungsorganisation sowie die Unterstützung durch Einkauf und Beschaffung bekennen sich zu ihrer Verantwortung.

Ihr Handeln berücksichtigt faire Betriebs- und Geschäftspraktiken, welche sie auch von ihren Vertragspartnern einfordert. Die Verantwortlichen interessieren sich für neue, nachhaltigkeitsfördernde Techniken sowie die Förderung der nachhaltigen Wirtschaft.

Das Management stellt Leistungskennzahlen (Key Performance Indicator, KPI) zusammen, um den Fortschritt oder Erfüllungsgrad der Bemühungen um Nachhaltigkeit zu erfassen. Sie dienen als Grundlage für einen kontinuierlichen Verbesserungsprozess.

Für die Organisation aller Veranstaltungen, Business-Meetings und -Events gibt es einen Leitfaden oder ein öffentlich zugängliches Umweltkonzept. Ein Umweltmanagementbeauftragter ist Teil des Organisationskomitees.

Die Administration nutzt für die Registration und Kommunikation mit den Teilnehmenden elektronische Tools. Es wird eine Event-App, ein SharePoint, MS Teams oder eine andere Cloudlösung genutzt, die für alle zugänglich ist. Bei der Auswahl der Software wird die Administration von Einkauf und Beschaffung unterstützt.

Einkauf und Beschaffung Einkauf und Beschaffung unterstützen Management und Administration in allen Bemühungen um eine nachhaltige Veranstaltungsorganisation. Die Auswahl von Lieferanten erfolgt nach einem entsprechenden Verfahren.

Indikatoren: Ein Umweltkonzept oder ein Leitfaden ist vorhanden. Ein Verfahren zur Auswahl der Dienstleister und Lieferanten besteht.

Kennzahl: Innerhalb von zwei Jahren nach Einführung eines nachhaltigen Veranstaltungsmanagements unterstützen 50 % aller Lieferanten das Konzept nachhaltigen Wirtschaftens und die Nachhaltigkeitsstrategie des Unternehmens.

6.5.7 Kommunikation und Marketing

Qualität und Nachhaltigkeit sind in Produkten nicht sichtbar, daher sollten die Kunden über die Eigenschaften informiert werden. Das gilt auch für Veranstaltungen. Andererseits sind Veranstaltungen auch ein Mittel (Events) oder eine Methode (Meeting) der Kommunikation.

Veranstaltungsmarketing – Kommunikation für Veranstaltungen Jedes Business-Meeting oder -Event verfolgt einen bestimmten Zweck. Daher kommt auch dem Marketing die Aufgabe zu, diesen Zweck zu unterstützen. Das Veranstaltungsmarketing unterstützt Management und Administration bei den Bemühungen um eine nachhaltige Veranstaltung. Social-Media-Aktivitäten helfen bei der Kommunikation mit Teilnehmenden und Beteiligten. So sind alle Werbematerialien, Werbestände, Plakate, Beschilderungen im Raum, aber auch Werbegeschenke (Give-away) mit Bedacht ausgewählt, möglichst sinnvoll, wiederverwertbar und plastikfrei. Die Produkte und Dienstleistungen der Lieferanten erfüllen alle Kriterien nachhaltigen Handelns. Dies wird durch eine gute Zusammenarbeit mit Einkauf und Beschaffung gewährleistet. Das nachhaltigste Give-away ist manchmal gar keines oder eines in elektronischer Form (Foto). Eine Spende für ein wohltätiges Projekt wird immer mehr anerkannt und unterstützt.

6.5.8 Nachhaltigkeitskommunikation

„Tue Gutes und rede darüber!" Dieser Satz steht häufig im Zentrum der Nachhaltigkeitskommunikation. Die meisten Unternehmen wollen für ihr Engagement einen unmittelbaren Nutzen sehen und den können sie im Allgemeinen nur erwarten, wenn die Stakeholder (Kunden, Politik etc.) das Engagement wahrnehmen. Zielgruppe der Nachhaltigkeitskommunikation können alle Stakeholdergruppen sein.

Nachhaltigkeitskommunikation sollte mit einer Nachhaltigkeitsberichterstattung verbunden sein: Das Unternehmen legt dabei seine nachhaltigkeitsbezogenen Leistungen, Aktivitäten und Auswirkungen dar.

Kommunikation über Nachhaltigkeit Da die Nachhaltigkeitswirkung und Maßnahmen zur nachhaltigen Entwicklung meist nicht direkt erkennbar sind, müssen Sie gegenüber den Teilnehmenden, Mitarbeitenden, Lieferanten und allen übrigen Anspruchsgruppen (Stakeholder) kommuniziert werden.

Kommunikation für die Nachhaltigkeit Verständliches Informationsmaterial für alle ist ein Erfolgskriterium. Das gilt für das Erleben nach dem Motto „Man sieht nur, was man weiß" genauso wie für die Sicherheit und die kleinen Dinge, die das Leben angenehm machen oder die Laune verderben. Information ist ein wesentlicher Teil des Erlebnisses vor (Vorbereitung, Anreise) und nach (Abreise, Nachbereitung) der Veranstaltung. Vorabinformation und Vorbereitung sind wesentliche Komponenten des Eventerlebnisses – schließlich dauert die Vorfreude länger als das Event selbst.

Die Teilnehmer können jedoch nicht nur informiert, sondern aktiv eingebunden werden. Sie können motiviert werden, ihren Beitrag für eine nachhaltige Veranstaltung zu leisten. Dazu gehört die nachhaltige Anreise, eine Einsparung von Übernachtung, die Auswahl regionaler, saisonaler oder bevorzugt vegetarischer Speisen.

Eine Veranstaltung lebt von der Wahrnehmung, und dazu gehört die Information. Ein wichtiger Aspekt dabei ist die Vermittlung von aktuellen Informationen zum Geschehen. Wenn die Bemühungen einiger Teilnehmenden kommuniziert werden, motiviert dies wiederum andere.

6.5.9 Inklusion und Barrierefreiheit

Behindert ist man nicht, behindert wird man.

> **Barrierefreiheit**
>
> Ein Team organisierte ein Kick-off-Meeting auf einem Schloss. Zu dem Anlass wurde auch ein Referent eingeladen, der in einem Rollstuhl saß. Die Organisationsverantwortlichen hatten an alles gedacht, sogar die Rampe zum Hoteleingang funktionierte bestens. Allerdings waren die Tische des Buffets mit dem Rollstuhl nicht unterfahrbar, vom Rollstuhl aus konnte man das Buffet nicht erreichen. Zu den Toiletten musste man vier Treppenstufen überwinden.

Alle Menschen gehören dazu.

Inklusion und Barrierefreiheit bezieht sich immer auf alle Sinne. Klären Sie im Vorfeld, ob bei Teilnehmenden und Mitwirkenden eine Beeinträchtigung vorliegt und welche Bedürfnisse an Unterstützung vorliegen (siehe z. B. Abele&Holzbaur 2009). Neben körperlichen Beeinträchtigungen und reduzierten sensorischen und kognitiven Fähigkeiten sind auch psychische Beeinträchtigungen in Betracht zu ziehen. Barrierefreiheit im weiteren Sinne bezieht sich auch auf die Einbindung aller Menschen unabhängig von ihrer Kultur oder sozialem Status.

Bei manchen Veranstaltungen, wie zum Beispiel einem Tag der offenen Tür, dürfte eine Vorabfrage nicht möglich sein. Dann gilt es alle Beeinträchtigungen im Voraus zu bedenken, Barrieren zu ermitteln und Lösungen anzubieten. Es bedeutet aber auch, alle Handlungsfelder entlang der Wertschöpfungskette barrierefrei auszurichten.

> Eine Veranstaltung muss allen Menschen die ungehinderte Teilnahme ermöglichen.

Reise Achten Sie auf Barrierefreiheit bei An- und Abreise. Eine Vorabfrage bei den Teilnehmenden sowie Mitwirkenden trägt dazu bei, auf alle möglichen Beeinträchtigungen entsprechend einzugehen. Wenn eine Vorklärung nicht möglich ist, wie zum Beispiel bei einem Tag der offenen Tür, ist es notwendig, mögliche Beeinträchtigungen (mobil, visuell, auditiv, kognitiv) von vornherein zu beachten.

Empfehlung für Maßnahmen/Indikatoren: Checkliste zur Überprüfung erstellen und anwenden.

Sicherheit Auswahl von Unternehmen, deren Verkehrsmittel nationalen bzw. internationalen Sicherheitsstandards entsprechen und deren Fahrer entsprechend geschult sind.

Empfehlung für Maßnahmen/Indikatoren: Sicherheits- und Schulungskonzept vorhanden und umgesetzt.

> **Sicherheit beim Transport**
>
> Ein Projektteam trifft sich für einen dreitägigen Workshop in einem Tochterunternehmen im Ausland. Für die Besichtigung des Produktionsstandorts wird ein Bus-Shuttle eingesetzt. Als der Bus ankommt, stellt der Event-Organisator fest, dass das Fahrzeug ein älteres Modell ist und die Fahrgastsitze keine Gurte zum Anschnallen haben. Der Bus wird nicht eingesetzt, ein Ersatz muss organisiert werden. Die Firmenbesichtigung verzögert sich. Eine Checkliste für Sicherheit hätte bereits bei der Bestellung des Busses diesen Zeitverlust verhindert.

6.6 Ein letzter Überblick bevor Sie loslegen

> Mithilfe der Action-Impact-Matrix (AIM) wählen Sie die für Ihre Veranstaltung wichtigsten Handlungsfelder aus. Danach bestimmen Sie die Zielsetzungen und Einzelziele und überlegen, mit welchen Maßnahmen Sie diese Ziele erreichen. Eine einfache Liste reicht für den Anfang aus.

Die Abb. 6.5 zeigt beispielhaft, wie die Aspekte der Nachhaltigkeit mit der klassischen Veranstaltungsorganisation verknüpft werden können:

> **Ihr Transfer in die Praxis – Retrospektive**
>
> Betrachten Sie die eine wichtige Veranstaltung der Vergangenheit und beantworten Sie die Fragen zu den Basisentscheidungen Ziel, Zielgruppe, Teilnehmerkreis, Einladung, Zeitpunkt, Ort:
>
> - A Objektebene: Für was haben wir uns entschieden?
> - B Nachhaltigkeitsaspekt: Verlief es optimal?
> - C Meta-Ebene: Wann, wie und durch wen wurde diese Entscheidung getroffen?

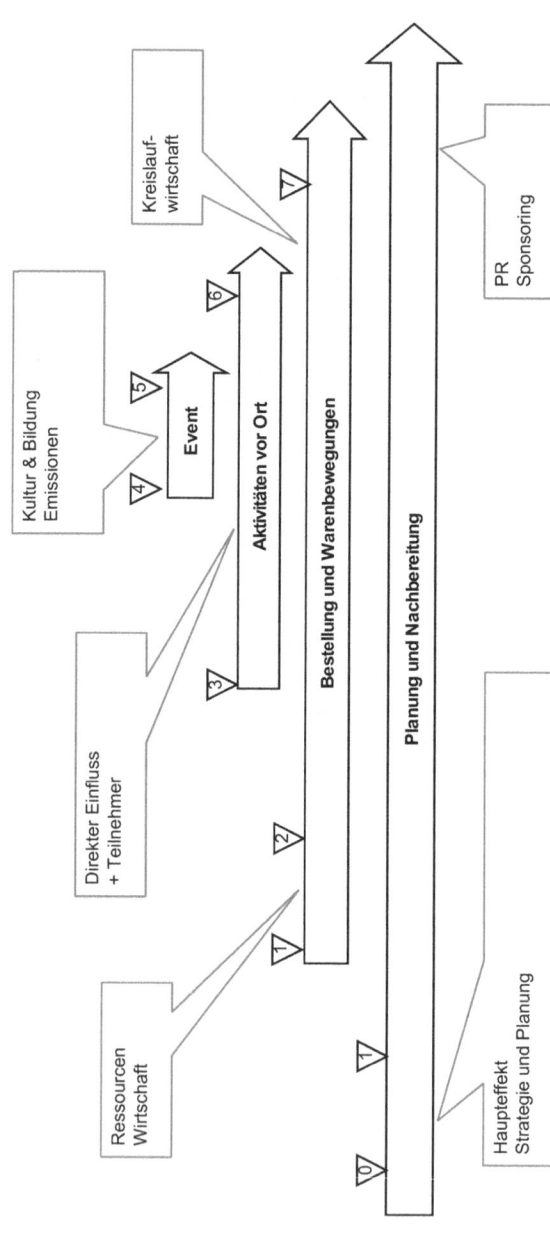

Abb. 6.5 Nachhaltigkeit in den Phasen der Veranstaltungsorganisation

Ihr Transfer in die Praxis – Planungsstruktur
Betrachten Sie die nächste für Sie relevante im Unternehmen anstehende Veranstaltung und analysieren Sie die Ziele und die Zielfindungsprozesse nach obigem Schema.

Ihr Transfer in die Praxis
Betrachten Sie die nächste für Sie relevante im Unternehmen anstehende Veranstaltung. Kreieren Sie dazu zwei fiktive Teilnehmer-Personas (1. Der prototypische Veranstaltungsteilnehmer, 2. VIP im Rollstuhl) und gehen Sie mit diesen die gesamte Participant Journey durch.

- Wie erlebt die Person das?
- Was begeistert sie? Was motiviert sie?
- Wo treten Problem auf? Was kann schiefgehen?
- Wo liegen Risiken für die Person und durch die Person?
- Wie trägt die Person zum Veranstaltungserfolg bei?
- Was bringt die Veranstaltung der Person?
- Wie trägt die Person zur Nachhaltigkeitswirkung bei?
- Wie erlebt die Person die Nachhaltigkeitswirkung?

Betrachten Sie die nächste für Sie relevante im Unternehmen anstehende Veranstaltung.

- Wie sichern Sie bei Abschluss den Erfolg der Veranstaltung?
- Wie sorgen Sie für eine andauernde Eventwirkung?
- Wie sichern Sie Beschlüsse und deren Umsetzung?
- Wie werden Sie diese nach Abschluss bewerten?

Literatur

Hinweis: Für unsere Leser (mwd) haben wir Planungshilfen, z. B. Checklisten, erstellt. Diese Vorlagen können und sollten Sie für Ihre jeweilige Veranstaltung anpassen. Sie finden diese auf unserer Website www.sustainable-event.management.

Abele, K., Holzbaur, U. (2009). NACHHALTIGE EVENTS – Nachhaltiger Erfolg durch Verantwortung Ein Leitfaden für Veranstalter, die auf eine positive Wirkung ihrer Veranstaltung im Sinne der Nachhaltigen Entwicklung Wert legen. Aalen, Lokale Agenda 21.

Holzbaur, U. (2013). Manager-Kochbuch – was Manager vom Kochen lernen können. Steinbeis Edition Stuttgart.

Oblasser, Ch. Riediger M. (2015). Nachhaltiges Veranstaltungsmanagement mit Strategie. Messe-, Kongress- und Eventmanagement. In: Luppold, Stefan (Hrsg.). Messe-, Kongress- und Eventmanagement,

Statista (Hrsg.) (2019). Entwicklung der Pro-Kopf-CO_2-Emissionen in Deutschland in den Jahren 1990 bis 2019, https://de.statista.com/statistik/daten/studie/153528/umfrage/co2-ausstoss-je-einwohner-in-deutschland-seit-1990/. Zugegriffen: 31. Mai 2021.

Bundesministerium für Klimaschutz, Umwelt, Energie, Mobilität, Innovation und Technologie Abteilung V/7 – Integrierte Produktpolitik, Betrieblicher Umweltschutz und Umwelttechnologie (Hrsg) (2020^2). Österreichisches Umweltzeichen, Richtlinie Uz 62, https://www.umweltzeichen.at/file/Richtlinie/UZ%2062/Long/Uz62_R4.1_%20Green%20Meetings%20und%20Green%20Events_2018.pdf. Zugegriffen 25. April 2021.

Global Compact Netzwerk Deutschland. (2017). SDK-Kompass auf Deutsch veröffentlicht, https://www.globalcompact.de/de/newscenter/meldungen/SDG-Compass-in-Deutsch-veroeffentlicht.php. Zugeggriffen: 22. April 2021.

7
Nachhaltiges Veranstaltungsmanagementsystem

Was Sie aus diesem Kapitel mitnehmen

Sie erfahren

- warum ein nachhaltiges Veranstaltungsmanagementsystem fester Bestandteil in Ihrem Unternehmen sein sollte
- wozu dieses System nützlich ist
- welche Elemente das System tragen
- wie bei einer Einführung vorzugehen ist
- welche Komponenten bei dem Aufbau des Systems unterstützen.

Für ganz Eilige Wenn Sie gleich durchstarten wollen, beachten Sie: Ein Managementsystem aufzubauen braucht Zeit und Vorbereitung. Nehmen Sie ein Blatt Papier und beantworten Sie die folgenden Fragen:

1. Wie umfassend will ich nachhaltiges Veranstaltungsmanagement im Unternehmen implementieren?
2. Gibt es bereits einen Umweltbeauftragten im Unternehmen?
3. Bei wem, welcher Abteilung, sollte es eingegliedert sein?
4. Wen kann ich als Befürworter (Promotor) gewinnen?
5. Was kann ich dem Management bieten?
6. Wen muss ich wann ansprechen?

7.1 Strategisches Veranstaltungsmanagement

Wir haben bis jetzt auf zwei Ebenen diskutiert,

1. Die Planung und Umsetzung einer einzelnen Veranstaltung
2. Die Planung und Umsetzung einer nachhaltigen Veranstaltung

Nun kommen zwei Ebenen dazu:

3. Die Einführung eines Managementsystems
4. Die kontinuierliche Verbesserung des gesamten Managementsystems

Die Umsetzung nachhaltiger Veranstaltungen sollte sich nicht auf die Gestaltung einzelner Veranstaltungen beschränken. Sie sollte auch nicht dem jeweiligen Meeting- und Eventorganisator (mwd) überlassen werden, weil es seine Kompetenz bezüglich der Auswahl von Lieferanten (mwd), Dienstleistern sowie der Information von Teilnehmern (mwd) überschreiten würde. Selbst die Entscheidung, wie Emissionen kompensiert werden, sollte nicht bei dem einzelnen Mitarbeitenden liegen.

Bei einer großen Anzahl von Meetings und Events pro Tag und Woche bedarf es in kleineren oder größeren Unternehmen einer verbindlichen Ausrichtung für alle. Diese muss von der Führung verantwortet werden, denn schließlich sind Veranstaltungen erstens ein Arbeitsinstrument für Führungskräfte und zweitens die Visitenkarte, mit der sie nach außen wirkt. Daher sollte der Bereich auch Teil des strategischen Veranstaltungsmanagements des Betriebes sein, welches wiederum in der Unternehmensstrategie verankert und im Leitbild eingebettet ist.

Das Gremium, welches für Leitung zuständig ist, stellt sicher, dass das nachhaltige Veranstaltungsmanagementsystem in allen Bereichen des Betriebs verankert und für seine Umsetzung genügend Personal vorhanden ist. Die Leitung sorgt auch dafür, dass alle Akteure sowohl horizontal über alle Hierarchieebenen (Verantwortung der obersten Leitung; Führungsprinzip; Engagement, Verantwortung und

Verpflichtung aller Mitarbeiter; Selbstverständnis der Organisation) als auch vertikal über alle Unternehmensbereiche (Front-Office – Back-Office, Stab – Linie, Leistungserbringung – Unterstützung) ausreichend informiert sind, um die gesetzten Ziele des nachhaltigen Veranstaltungsmanagements zu unterstützen.

Verantwortung
Veranstaltungsmanagement umfasst die gesamte Planung und Durchführung von individuellen Veranstaltungen und die Einbindung von Events in die Strategie der Organisation.

Die Verantwortung des Veranstalters für das Meeting oder das Event ist allumfassend und kann nicht abgegeben werden. Die Einbettung des nachhaltigen Veranstaltungsmanagements muss nicht nur in der Kommunikation über Unternehmensstrategie abgebildet werden, sondern auch operativ in allen Geschäftsabläufen integriert werden. Darüber hinaus muss sichergestellt werden, dass Verantwortliche benannt werden, die zu einer Umsetzung des nachhaltigen Veranstaltungsmanagements beitragen. Sie unterstützen alle Verantwortlichen von Meetings und Events sowie die Organisatoren und alle übrigen Beteiligten dabei, Nachhaltigkeitsziele zu erreichen bzw. bei Nichterreichen den Prozess der kontinuierlichen Verbesserung einzuleiten.

Die Besucher und die Öffentlichkeit rechnen dem Veranstalter alle positiven und negativen Ereignisse zu, eine Entschuldigung durch Delegation ist nicht möglich. Der Manager ist für das (Fehl-) Verhalten seiner Mitarbeiter verantwortlich. Einweisungen, Motivation und Kontrolle im angemessenen Umfang sind zwingend notwendig.

7.2 Nutzen für Veranstaltungsorganisatoren und das Unternehmen

Der Nutzen wurde bereits für die einzelne Veranstaltung in Abschn. 2.3 dargestellt. Da der Aufwand für die Ausrichtung einer einzelnen nachhaltigen Veranstaltung umfangreich ist, macht es Sinn, diese

Bemühungen auch bei anderen Veranstaltungen im Unternehmen anzuwenden. Die vielfältigen Vorteile sind ersichtlich:

Einsparung von Ressourcen und Kosten Durch das nachhaltige Veranstaltungsmanagement werden alle Handlungsfelder in der Wertschöpfungskette untersucht und verbessert. Dadurch ist es auch möglich, die Prozesse selbst zu untersuchen und gegebenenfalls zu verbessern. So lassen sich beispielsweise durch neue Softwaretools die Arbeitszeit verringern, Energie einsparen oder Abfall reduzieren.

Auch wenn die Anwendung von Nachhaltigkeitsprinzipien zunächst mehr Arbeit, mehr Zeit und höhere Kosten verursachen, senken diese die Kosten auf lange Sicht.

Wenn hierfür im Unternehmen allgemein verbindliche Regeln und Weisungen (Leitlinien und Verfahrensanweisungen) bestehen, bewirkt dies auch eine Entlastung für alle Organisatoren. Das Unternehmen erreicht dadurch eine einheitliche Vorgehensweise, kann seine Bemühungen um Nachhaltigkeit wesentlich einfacher erfassen und somit besser transparent darstellen. Dies trägt zu einem besseren Image bei.

Gutes Image Die Teilnehmer von Events und Meetings werden aufgrund der öffentlichen Berichterstattung und regionalen und überregionalen Initiativen in Politik und Gesellschaft zunehmend sensibler und erwarten, dass eine Veranstaltung irgendwie „nachhaltig" ist. Sie stehen einer Verschwendung von Ressourcen zunehmend kritischer gegenüber. Auch Mitarbeiterinnen und Mitarbeiter eines Unternehmens erwarten von der Geschäftsleitung nicht nur ein Lippenbekenntnis, sondern eine aktive Haltung, die der Unternehmenspolitik entspricht. Es reicht daher nicht aus, dass lediglich PR-Maßnahmen gestartet werden, die über Nachhaltigkeit berichten.

Daher sind Veranstalter und Organisator gut beraten, sich für eine nachhaltige Organisation ihrer Meetings und Events zu engagieren. Eine gezielte Kommunikationsstrategie wird das Nachhaltigkeitsprofil des Treffens erhöhen und trägt zu einem positiven Erlebnis und Ergebnis bei.

Bewusstseinsbildung Jede Veranstaltung und jedes Treffen sind eine Gelegenheit, das Bewusstsein aller Beteiligten, Teilnehmenden, Mitarbeitenden, Dienstleister und Lieferanten für die Vorteile nachhaltiger Produkte und Dienstleistungen zu entwickeln. Das *Gewahrsein* für Nachhaltigkeitsaspekte verstehen wir als „sustainable awareness". Dadurch werden nachhaltige Verhaltensweisen und Praktiken sowie der Transfer von Wissen und nachhaltigem Handeln gefördert.

> **„Walk the talk"** Die Glaubwürdigkeit eines Unternehmens wird nicht nur an seinem Nachhaltigkeitsbericht gemessen, sondern an der *wahrnehmbaren* Haltung und Handlung seiner Führungskräfte und Mitarbeitenden. Denn längst reicht es nicht mehr aus, in einer Veranstaltung über Nachhaltigkeit zu reden. Die Veranstaltungen selbst, alle Meetings und Events, sollten nachhaltig ausgerichtet sein.

Multiplikator-Wirkung Wenn Veranstalter und Organisatoren mit gutem Beispiel vorangehen, kann dies andere motivieren, verantwortungsvolle Entscheidungen zu treffen und ökologische und soziale Verbesserungen in ihrer eigenen Tagungsorganisation einzuführen.

Auslösen von Innovation Sobald die Organisatoren Veranstaltungen nachhaltiger gestalten, kann dieses Verhalten weitere Initiativen motivieren. Zum Beispiel die vermehrte Nutzung öffentlicher Verkehrsmittel für Reisen, die Vermeidung von Flügen für kurze Distanzen, Einsparungen bei der Hotelunterbringung nur dann, wenn der Beginn einer Veranstaltung eine Fahrt am Morgen ermöglicht, und so weiter.

Soziale Vorteile Wenn Veranstaltungsorganisatoren sorgfältig planen, kann eine Veranstaltung der lokalen Ebene zugutekommen, indem sie Arbeitsplätze (einschließlich sozialer Eingliederung) bereitstellen, lokale und regionale Lieferanten unterstützen und bessere Arbeitsbedingungen fördern.

Wettbewerbsfaktor Corporate Social Responsibility Mit der Einhaltung der Anforderungen an die CSR-Berichtspflicht stellt das Unternehmen seine Aktivitäten zur Nachhaltigkeit im Betrieb dar. Business-Meetings und -Events als Arbeitsinstrument sollten in diese Bemühungen eingeschlossen werden. In dem Maße, wie große Unternehmen aufgefordert sind, ihre Aktivitäten für Nachhaltigkeit darzulegen, sind gleichermaßen auch alle Dienstleister und Lieferanten über die Lieferkette der Veranstaltung in diese Bemühungen eingebunden. Kleinere Unternehmen sind somit indirekt von der CSR-Berichtspflicht betroffen. Bereits mit der Planung liegt das Augenmerk auf Nachhaltigkeit. Dienstleister und Lieferanten werden aufgefordert, die Anforderungen an eine nachhaltige Veranstaltung zu erfüllen, da ansonsten Verträge nicht abgeschlossen oder laufende Verträge gelöst werden und die Zusammenarbeit aufgegeben wird.

Insofern sind auch kleinere und mittlere Unternehmen gut beraten, ihre Dienstleistungen und Produkte nachhaltig auszurichten bzw. für Transparenz beim Angebot zu sorgen. Die Erfüllung von SDGs, das Bemühen um Nachhaltigkeit im Unternehmen wird somit zu einem entscheidenden Wettbewerbsfaktor.

7.3 Systemelemente als Bausteine für ein Managementsystem

Für die Einführung eines nachhaltigen Veranstaltungsmanagementsystems bedarf es verschiedener Systemelemente. Darunter verstehen wir aus organisatorischer Sicht Aufgaben, Menschen, Sachmittel und Informationen. Alle Systemelemente sind durch bestimmte Eigenschaften (stabil, sicher, gut, grün, nachhaltig) gekennzeichnet. Prinzipien wie Ergebnis- und Erlebnisorientierung tragen dazu bei, dass jedes Meeting, jedes Event erfolgreich gestaltet wird.

Gemäß ISO 20121 richtet sich die Einführung des nachhaltigen Managementsystems nach dem Prinzip der kontinuierlichen Verbesserung (KVP) mit dem Zyklus „Plan – Do – Check – Act (PDCA)".

Dabei werden alle Systemelemente, Prozesse und Strukturen entlang der Wertschöpfungskette einer Veranstaltung erfasst und untersucht.

In diesem Abschnitt stellen wir die einzelnen Systemelemente vor und folgen praktischerweise dem „Modell für nachhaltige Veranstaltungsmanagementsysteme" gemäß DIN ISO 20121 ([248]):

Normen und gesetzliche Anforderungen und Richtlinien Die Elemente eines Systems für nachhaltiges Veranstaltungsmanagement sollten/ müssen zwingend den weltweit anerkannten Standards und gesetzlichen Verordnungen und Richtlinien entsprechen. Bereits in Abschn. 1.5 wurden die wichtigsten Normen genannt. Zentral für uns ist die ISO 20121.

Leitbild und Selbstverständnis des Unternehmens als Teil der Unternehmensstrategie (Vision und Mission) Die Organisation und die Eventorganisatoren benötigen eine klare Vorstellung, was bezüglich der nachhaltigen Entwicklung erreicht werden soll. Dies schließt die grundlegenden Werte und Prinzipien der Organisation mit ein. Die Strategie eines Unternehmens sowie Philosophie, Vision und Mission, bilden das Fundament eines Unternehmens.

Nachhaltigkeitsmanagement Die Nachhaltigkeitsstrategie orientiert sich an den zuvor genannten Vorgaben. Diese Wertorientierungen fließen in das operative Management ein.

Umgekehrt müssen die Leitungsebenen der Organisation das Thema Nachhaltigkeit und die Bedeutung von nachhaltigen Veranstaltungen verstanden haben und unterstützen.

Sicherheit Sicherheit betrifft bezüglich der Nachhaltigkeit zwei Bereiche: die Prävention und die vorsorgliche Planung einer angemessenen Reaktion auf mögliche Ereignisse (Abschn. 1.5.3). Die Planung von Notfallmaßnahmen gehört zum Standard des Eventmanagements. Verantwortungsbewusste Planung legt aber auf eine Risikovorsorge von vornherein mehr Wert und muss auch die Belange der Zukunftsorientierung im Sinne des Prinzips Verantwortung berücksichtigen. Der erste Punkt ist die Verhinderung von Schadenereignissen

(Prävention), der zweite die Planung einer angemessenen Reaktion und Schadensbegrenzung – unter Berücksichtigung all dieser Nebenbedingungen.

Stakeholder-Management Im Veranstaltungsmanagement sind insbesondere die Teilnehmer, Mitarbeiter, Kunden, Dienstleister, Lieferanten und deren Anspruchsgruppen für den Erfolg wichtig. Sie müssen zunächst identifiziert und dann systematisch eingebunden und informiert werden. Motivierte und engagierte Mitarbeiter tragen zum Erfolg wesentlich bei, Schulung und Information, Beteiligung und Befähigung sind wichtige Faktoren. Dazu gehört auch, Erfolge zu dokumentieren, zu kommunizieren und mit allen Partnern zu feiern. Eine partizipative Gestaltung ist für die Einbindung aller Beteiligten wichtig. Dies gilt für die Nachhaltigkeitsziele der Organisation ebenso wie für jedes einzelne Event.

Organisation und Mitarbeitende sowie deren Befähigung Eine der wirksamsten Maßnahmen, um ein Event nachhaltig zu gestalten, ist die Sensibilisierung und Befähigung der Mitarbeiter. Das geht vom Personal vor Ort bis zu den Planern. Nur durch Führung – Einweisung und Vorbildfunktion – und Bereitstellen von Kompetenzen, Ressourcen und Informationen werden die wichtigen Komponenten des nachhaltigen Eventmanagements umgesetzt.

Ein engagiertes, aufmerksames und richtig eingewiesenes Kollegenteam kann Unzulänglichkeiten kompensieren und Problemen vorbeugen. Es trägt zu den Eventkomponenten Aktivierung, Positivität und Image wesentlich bei. Wichtig dabei sind klare Informationen und Hinweise auf die Bedeutung des Handelns der Mitarbeitenden für den Erfolg des Events und die Risiken. Wo nötig, sind Anweisungen klar und einheitlich zu geben. Dazu gehört auch die Einweisung von Dienstleistern wie Hausmeister-, Reinigungs- oder Sicherheitsdiensten (Facility, Security).

Die Leitung einer Organisation ist für die Konsequenzen des Handelns ihrer Mitarbeiter verantwortlich, insbesondere für die Einhaltung der gesetzlichen Vorschriften. Nicht umsonst spielt deshalb die Einweisung des Personals und die Verantwortung des Managements für diese Einweisung eine wichtige Rolle. Die Mitarbeiter sind aber auch der wesentliche Erfolgsfaktor eines Events. Sie tragen zum Erfolg und zum positiven Image bei.

Operatives Managementsystem Die Prozesse zur Erreichung von Nachhaltigkeit und Erfolg im Event werden beschrieben und festgelegt. Sie führen zum Nachhaltigkeitsmanagementsystem. Die Messung von Ergebnissen und interne und externe Ergebnissicherung und Berichterstattung bilden die Basis für den kontinuierlichen Verbesserungsprozess (KVP).

Vom Ziel zur Aktion Die Organisation braucht klare Ziele, die in Einzelzielen, Maßnahmen und Aktionen umgesetzt werden. Die Identifikation der Kernelemente und das Festlegen der Schwerpunkte führt über die Festlegung und Kommunikation einer klaren Strategie und von Handlungsprinzipien zu Gesamtzielen und Einzelzielen mit Kriterien für die Zielerreichung.

Kommunikation Um Nachhaltigkeit zu praktizieren, bedarf es der Kommunikation. Die Grundsätze des Unternehmens, Handlungsfelder, Zielsetzungen und Einzelziele, aber auch die Nachhaltigkeitsstrategie einer einzelnen Veranstaltung und auch eines Veranstaltungsmanagementsystems müssen den Stakeholdern (Anspruchsgruppen) erklärt werden. Dabei hilft ein Kommunikationsplan aus dem Projektmanagement die wesentlichen Fragen systematisch aufzubereiten:

- **Was** soll vermittelt werden?
- **Wer** soll informiert werden?
- **Wann** ist hierfür der beste Zeitpunkt?
- **Wie** soll auf welchem Medienkanal kommuniziert werden?
- **Wie oft** sollen die Stakeholder informiert werden?

Die interne und externe Kommunikation sollte Bericht erstatten, wo und in welchen Bereichen des Unternehmens Nachhaltigkeitsziele angestrebt bzw. bereits erreicht worden sind.

Veranstaltungscontrolling Die Veranstaltung, das Meeting oder das Event, erfährt bereits während der Planung ein Controlling. Interne Überprüfungen mit Bezug auf Ziele, deren Erreichungsgrad sowie die Überprüfung nach hierfür angewendeten Maßnahmen und Prozesse sind Bestandteil des Lebenszyklus der Veranstaltung.

Ständige Verbesserung bzw. kontinuierlicher Verbesserungsprozess Aufgrund des Eventcontrollings kann auf fehlerhafte Produkte, Prozesse, Maßnahmen oder Dokumente eingegangen werden.

Mithilfe von Fragebögen und Checklisten können Fehlerquellen ausfindig gemacht werden und Verbesserungen vorgenommen werden.

In jedem Managementsystem bezieht sich der KVP auch auf das Managementsystem selbst: Die Organisation muss ständig Eignung, Angemessenheit und Wirksamkeit des Veranstaltungsmanagementsystems verbessern.

7.4 Komponenten eines nachhaltigen Veranstaltungsmanagementsystems

Wenn sich eine Organisation oder ein Team entschieden hat, ein nachhaltiges Veranstaltungsmanagementsystem auf der Grundlage der Norm ISO 20121 einzuführen, empfiehlt sich eine schrittweise Vorgehensweise. Dort, wo bereits ein Managementsystem (Qualität, Umwelt, Sicherheit, integriert) vorhanden ist, können die Anforderungen der ISO 20121 in das Managementsystem integriert werden. Mit dem Prozess der kontinuierlichen Verbesserung können alle Handlungsfelder analysiert und verbessert werden. Die Einführung eines nachhaltigen Veranstaltungsmanagements folgt dem Verfahren, wie in Kap. 4 bereits dargestellt, nur, dass nun Leitlinien und Vorgaben nicht nur für eine Veranstaltung gelten, sondern prinzipiell für alle Meetings und Events.

Komponenten Folgende Komponenten unterstützen den Prozess, ein Managementsystem aufzubauen:

1. „Sustainable Events Policy", eine Richtlinie für nachhaltiges Eventmanagement, als Bekenntnis der Geschäftsleitung zu den Bemühungen für Nachhaltigkeit in allen Meetings und Events.
2. Leitlinien bzw. Leitfaden, der alle Mitarbeitenden einer Organisation über nachhaltiges Veranstaltungsmanagement informiert und anleitet, wie bei der Organisation von Meetings und Events vorzugehen ist.
3. Ein Verfahren zur Auswahl und Bewertung von Handlungsfeldern, um die für den Geschäftszweck relevanten Bereiche von Veranstaltungen zu erkennen und auszuwählen.
4. Ein Verfahren zur Auswahl von Lieferanten.
5. Ein Beurteilungsbogen für Veranstaltungen (Event Assessment), mit dessen Hilfe sich alle Nachhaltigkeitsaspekte der Wertschöpfungskette einer Veranstaltung überprüfen lassen.
6. Ein Event-Rechner für die Erfassung von Emissionen mit dem Ziel diese zu kompensieren, in Zukunft aber auch zu vermeiden oder zu verringern.
7. Eine Standardarbeitsanweisung, SOP = Standard Operation Procedure, für die Organisation von Veranstaltungen. Sie sorgt für eine einheitliche Vorgehensweise und ist entweder für bestimmte oder alle Abteilungen im Unternehmen gültig. Diese SOP erfüllt damit die Anforderungen an ein Managementsystem.
8. Schulungen, die für Organisatoren von Veranstaltungen sowie alle übrigen Mitwirkenden konzipiert wurden.

Anwendungsbereich des nachhaltigen Veranstaltungsmanagementsystems festlegen Jedes Unternehmen und jedes Event in einem Unternehmen haben spezifische Anforderungen. Für ein größeres Event stellen sich wiederkehrend die gleichen Fragen wie bei einem Meeting. Daher ist es zweckmäßig, das Managementsystem übergreifend für ähnliche Veranstaltungsarten und -formen anzuwenden.

7.4.1 Leitlinien – Leitfaden

Ein Leitfaden für nachhaltiges Veranstaltungsmanagement beschreibt das Vorhaben und die Zielsetzung in einer Weise, die für alle Mitarbeitenden, die mit der Organisation von Veranstaltungen zu tun haben, praktisch umsetzbar ist. Man kann damit beginnen, eine Leitlinie oder gemeinsam erstellte Vorgaben festzuschreiben.

Der Leitfaden sollte Folgendes umfassen:

1. Einführung in die Thematik
2. Nachhaltigkeit als Teil der Unternehmensstrategie
3. Nachhaltigkeit im Veranstaltungsmanagement des Unternehmens
4. Bekenntnis und Selbstverpflichtung der Unternehmensleitung
5. Verantwortung der Organisationsverantwortlichen
6. Aufgaben der mitwirkenden Einzelpersonen und Abteilungen, insbesondere Kommunikation & Marketing sowie Einkauf & Beschaffung
7. Einführung in Aktionsbereiche und Wirkungskategorien
8. Praktische Hinweise zu einer nachhaltigen Veranstaltungsorganisation:

   - Vorstellung der operativen Handlungsfelder
   - Zielsetzungen, Einzelziele, Maßnahmen und Messgrößen
   - Erfassung der Bemühungen um eine nachhaltige Veranstaltungsorganisation
   - Musterbeispiele für typische Business-Meetings und -Events

9. Ergebnisrechnungen aufgrund nachhaltigen Veranstaltungsmanagements

Diese Selbstverpflichtung sollte später allen Mitarbeitenden bekannt gemacht und intern zugänglich sein. Mithilfe von Schulungen kann das Bewusstsein in einzelnen Bereichen der Nachhaltigkeitsziele im Veranstaltungsmanagement geschärft werden.

7.4.2 Verfahren zur Auswahl und Bewertung von Handlungsfelder

Die Auswahl der Handlungsfelder wurde bereits in Abschn. 2.3.3 anhand der Action-Impact-Matrix (AIM) dargestellt. Für viele wiederkehrende Veranstaltungen ist es zweckmäßig, das gleiche Verfahren anzuwenden, bzw. die einmal getroffene Auswahl möglichst beizubehalten. Zum einen erleichtert ein feststehendes Verfahren die Anwendung bei den verantwortlichen Organisatoren. Zum anderen bietet die Verwendung des gleichen Verfahrens die beste Möglichkeit, Ergebnisse zu vergleichen und für ein Benchmark heranzuziehen.

7.4.3 Sustainable Event Assessment (SEA) zur Beurteilung

Mit Hilfe eines Beurteilungsbogens wie dem Sustainable Event Assessment (SEA) können Sie alle definierten Handlungsfelder überprüfen und den Erfüllungsgrad abschätzen.

Auch hier bietet es sich an, einen allgemeinen Beurteilungsbogen für das Veranstaltungsmanagementsystem zu entwickeln, um die verschiedenen Veranstaltungsarten und -formen abzudecken.

7.4.4 Standardarbeitsanweisung (Standard Operation Procedures = SOP)

Zu guter Letzt trägt eine Standardarbeitsanweisung dazu bei, die Vorgehensweise bei der Organisation von Meetings und Events zu vereinheitlichen.

Mit der Anweisung werden Anforderungen festgelegt und Verantwortlichkeiten definiert, um im Betrieb Veranstaltungen zu planen, vorzubereiten und durchzuführen.

Ein definierter Prozess sorgt für Klarheit beim Verständnis der Vorgaben, für eine nachvollziehbare Handlungsanleitung für die Organisatoren und Veranstalter. Damit trägt die Anweisung zu Sicherheit und Gesundheit der beteiligten Personen und zum Schutz der Umwelt bei. Durch die SOP können bereits zu Beginn der Planungsphase Risiken und Gefahren in Bezug auf Nachhaltigkeit erkannt werden. Damit vereinfacht sich das Verfahren für alle, die es betrifft, die Organisatoren in der Administration, im Management, in der Abteilung Einkauf und Beschaffung, Kommunikation und Marketing.

7.4.5 Bilanzieren, kompensieren und, last, but not least, kommunizieren

In Abschn. 2.4 haben Sie gelernt, wozu ein Eventrechner bei einer Veranstaltung nützlich ist. Bei der Bilanzierung einer Veranstaltung werden mit einem CO_2-Rechner alle relevanten Emissionen einer Veranstaltung erfasst. Die Bilanzierung erfolgt nach den Grundprinzipien des Greenhouse Gas Protocol, alle direkten und indirekten Emissionen werden im CO_2-Rechner berücksichtigt. Eine vollständige Bilanzierung, Reduktion und Kompensation aller entstandenen CO_2-Emissionen in allen Handlungsfeldern tragen zu einem ökologisch nachhaltigen Event bei.

Durch ein in der Organisation einheitliches Verfahren ist gewährleistet, dass alle Veranstaltungsarten und -formen in gleicher Weise erfasst werden. Dadurch ist am Ende des Jahres eine Bilanzierung aller Veranstaltungsarten und -formen im Unternehmen möglich.

Das Ergebnis der Bemühungen um nachhaltige Entwicklung sollte nicht nur unter den Veranstaltungsorganisatoren bekanntgegeben werden. Eine nachhaltige Kommunikation schließt alle Mitwirkenden, Lieferanten, Dienstleister, Teilnehmende und natürlich auch die Öffentlichkeit mit ein.

> **Ihr Transfer in die Praxis**
>
> Betrachten Sie die nächste für Sie relevante im Unternehmen anstehende Veranstaltung schätzen Sie die Wichtigkeit der betrachteten Aspekte ein:
> - Stabil (dass alles läuft) als Projekt gut geplant und zielführend
> - Sicher (gegen Störungen und vor Katastrophen) verantwortlich für die Teilnehmer
> - Gut (erlebenswert, ergebnisorientiert) aktivierend und positiv
> - Grün (umwelt- und klimafreundlich) ressourcen- und energiesparend, inklusiv
> - Nachhaltigkeitsbewusst verantwortlich für die Gesellschaft
> - Nachhaltigkeitsfördernd positiv für das gesamte Unternehmen
>
> Erarbeiten Sie daraus die Kernbotschaft ÜBER das Event.
> Merken Sie dieses für die SEDM vor, damit Kernbotschaft und Veranstaltungseigenschaften zueinander passen.

7.5 Adaption des Managementsystems

Der kontinuierliche Verbesserungsprozess (KVP) unterstützt uns dabei, das Managementsystem zu überprüfen und es ggf. anzupassen.

Ein Qualitätsplan trägt dazu bei, das System zu dahingehend überprüfen, ob seine Funktionalität gewährleistet ist, ob es zuverlässig und effizient ist.

Dementsprechend werden alle Bereiche des Systems (Abb. 7.1) untersucht. Folgende Fragestellungen helfen weiter:

- Bilden die Anforderungen tatsächliche die Wünsche und Forderungen der Stakeholder ab?
- Verfolgt die Führung die richtige Strategie?
- Stehen die richtigen Ressourcen zur Verfügung und auch in ausreichendem Maße?
- Werden Planung und Prozesse im Hinblick auf Funktionalität, Zuverlässigkeit und Effizienz überprüft?

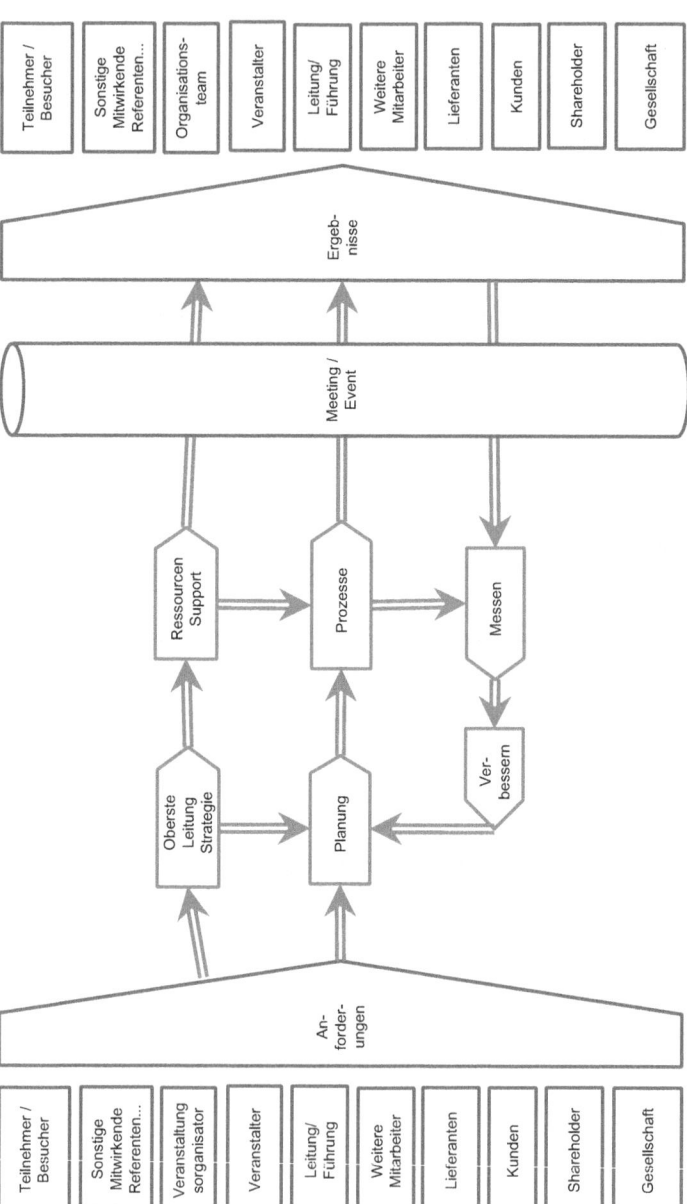

Abb. 7.1 Veranstaltungsmanagementsystem

- Und im Hinblick auf Verifizierung und Validierung ist es wichtig zu wissen, ob das System, wie gewünscht, Ergebnisse liefert und ob es auch die richtigen Ergebnisse liefert.

> **Tipp**
>
> Veranstaltungsorganisatoren, die bisher keine Erfahrung im Umgang mit Normen und demzufolge mit Managementsystemen hatten, sind gut beraten, Hilfe in Anspruch zu nehmen.
> Entweder können Kollegen unterstützen oder eine externe Beratung kann temporär mit Erfahrung und Wissen beitragen.

> **Ihr Transfer in die Praxis**
>
> Betrachten Sie Ihr Unternehmen als Ganzes und schätzen Sie ein, wie hoch der Reifegrad ist bezüglich
>
> - der Planung von einzelnen Veranstaltungen,
> - der individuellen operativen Planung von Green Events,
> - der Einbettung des Veranstaltungskonzepts (Events und Meetings) in die Unternehmensstrategie,
> - der Integration des Nachhaltigkeitskonzepts und des Veranstaltungskonzepts und
> - der systematischen Verankerung nachhaltigen Eventmanagements.

Literatur

Hinweis: Für unsere Leser (mwd) haben wir Planungshilfen, z. B. Checklisten, erstellt. Diese Vorlagen können und sollten Sie für Ihre jeweilige Veranstaltung anpassen. Sie finden diese auf unserer Website www.sustainable-event.management.

Bertelmann (Hrsg.). (2010). https://www.bertelsmann-stiftung.de/fileadmin/files/Leitfaden_CCMessungl.pdf.

Beuth-Verlag (Hrsg.). DIN ISO 20121:2013-04 Nachhaltiges Veranstaltungsmanagement – Anforderungen mit Anleitung zur Anwendung (ISO 20121:2012).

The manufacturer's authorised representative in the EU is Springer Nature Customer Service Centre GmbH, Europaplatz 3, 69115 Heidelberg, Germany. If you have any concerns regarding our products, please contact ProductSafety@springernature.com

Printed and bound by CPI Group (UK) Ltd, Croydon, CR0 4YY
26/03/2026
02078853-0002